WHISKY

TRADITION, DRINKS UND REZEPTE

Sarah Herhut und Melanie Goldmann

OTUS Lifestyle

INHALT

VORWORT

Individualität, Leidenschaft und eine vor Ereignissen nur so sprudelnde Geschichte – das sind die Faktoren, die jeden Whisky zu etwas ganz Besonderem werden lassen. Kenner und Genießer auf der ganzen Welt lassen sich von dieser außergewöhnlichen Spirituose schon seit vielen Jahren begeistern – und dass obwohl oder gerade weil der Whisky schon überaus schwierige Zeiten erleben musste und viele Kritiker ihn schon längst abgeschrieben hatten.

Heute steigt die Zahl der Destillerien weltweit und eine wachsende Anzahl Liebhaber hat in ihrer gut ausgestatteten Hausbar auch den einen oder anderen Whisky vorrätig. Doch was macht die „Faszination Whisky' eigentlich aus? Genau dieser Frage geht dieses Buch auf den Grund: von den geschichtlichen Wurzeln des Branntweins über die verschiedenen Herstellungsschritte und Sorten bis hin zu länderspezifischen Traditionen beleuchte- es die populäre Spirituose in all ihren Facetten. Ferner lernen Sie, wie Sie einen Whisky richtig verkosten und welche Drinks und Rezepte sich mit Whisky verfeinern lassen.

Machen Sie sich bereit, um sich auf eine Genussreise in die Welt des Whiskys zu begeben!

EINLEITUNG

Es braucht nur wenige Zutaten, um einen Whisky herzustellen: Getreide, Hefe und Wasser. Diese drei Zutaten sind weder kostbar noch selten – und trotzdem vermögen geschickte Brenner aus ihnen das Optimum herauszukitzeln und eine Spirituose entstehen zu lassen, die an Vielseitigkeit und Einzigartigkeit kaum zu überbieten ist. Was also macht das Geheimnis des Whiskys aus und lässt diesen Tropfen so besonders werden?

Branntweine und ihre Besonderheiten

Whisky ist eine Spirituose, die zur Kategorie der Branntweine zählt. Auch wenn diese namentlich eine Ähnlichkeit zum Wein aufweisen, handelt es sich hierbei um eine völlig andere Gattung alkoholhaltiger Getränke: Während Wein aus vergorenen Früchten hergestellt wird, werden Branntweine in einem zusätzlichen Destillationsprozess gebrannt (siehe Seite 23). Hierdurch erhalten sie einen deutlich höheren Alkoholgehalt. Es gibt verschiedene Arten von Branntweinen wie beispielsweise Wodka, Cognac oder Gin. Je nach individuellem Herstellungsprozess und Produktion ist dabei ein anschließendes Aromatisieren (wie etwa beim Gin) erlaubt oder nicht. Beim Whisky ist es für gewöhnlich der Prozess der langen Reifung und Lagerung, der zu seinem außergewöhnlichen Aromenspiel sowie seiner individuellen und reizvollen Geschmacksvielfalt beiträgt.

Whisky oder Whiskey?

Das Wort „Whisky" ist von seiner schottisch-gälischen Bezeichnung „uisgebeatha" abgeleitet, was übersetzt nichts anderes als „Wasser des Lebens" bedeutet. Diese Bezeichnung gibt es – mit identischer Bedeutung – nicht nur im schottischen, sondern auch im irischen Gälisch. Dies zeigt, wie sehr beiden Nationen diese Spirituose am Herzen liegt.
Auch wenn Sie bislang noch nicht viel mit dem edlen Tropfen zu tun hatten, dürfte Ihnen beim Blick auf die Etiketten der verschiedenen Marken eine Besonderheit aufgefallen sein: Einige Hersteller schreiben „Whisky", wohingegen andere ihr Produkt „Whiskey" nennen. Tatsächlich sind beide Varianten gebräuchlich, allerdings regional bzw. lokal geprägt. So sprechen beispielsweise die Schotten stets von Whisky, wohingegen in Irland meist die Schreibweise „Whiskey" verwendet wird. Auch in den USA wird oft das zusätzliche „e" benutzt – häufig ab-

Ein kostspieliger Prozess

Whisky herzustellen ist weder einfach noch kostengünstig: Das Wasser, das Mälzen und die anschließende Lagerung machen ordentliche Investitionen nötig. Das gilt insbesondere aufgrund der Tatsache, dass viele traditionelle Destillerien ihren Betrieb in den Sommermonaten, wenn viele Quellen nicht genügend Wasser führen, einstellen müssen. So kommen zu den hohen Produktionskosten noch die Ausfallkosten hinzu, was die stattlichen Preise für einige Sorten nicht nur erklärt, sondern auch rechtfertigt.

hängig davon, ob die Abstammung der Besitzer der Brennereien ursprünglich in Irland oder in Schottland liegt. Da die Schreibweise ohne „e" weltweit am häufigsten verbreitet ist, wird sie in diesem Buch durchgängig verwendet – auch wenn von irischem Whisky die Rede ist.

Jede Sorte ist einzigartig

Jeder Whisky besitzt seinen ganz eigenen Charakter, seine individuelle Stärke, seine ihm typische Weichheit und seine eigenen Höhen. Hinsichtlich Körper, Geschmack, Farbspiel und Aroma gleicht kein Whisky dem anderen – und genau das macht die Faszination dieser Spirituose aus. Schier unzählige Faktoren bestimmen das spätere Erscheinungsbild eines Whiskys: In welchen Fässern wurde er gelagert? Wie lange durfte er reifen? Welche Temperaturen und klimatischen Bedingungen herrschten im Lagerhaus? Was für eine Art von Getreide wurde für seine Herstellung benutzt und welche Destilliermethode haben die Brennmeister angewendet, um diesen speziellen Whisky zu kreieren?

Diese kleinen Feinheiten können einen gewaltigen Unterschied machen. Es ist die langwierige Prozedur, die sich hinter jeder einzelnen Flasche Whisky verbirgt und die seinen Geschmack so unnachahmlich werden lässt.

Wer einmal einen Tropfen des aromatischen Branntweins gekostet hat, dem wird sich ein

Geschmacks- und Aromenspiel offenbaren, das in andere Welten entführen kann. Deshalb lassen sich viele Experten und Whiskyliebhaber über Jahre von ihrer Reise durch die Welt des Whiskys faszinieren, die nicht nur vielseitige Eindrücke mit sich bringt, sondern immer auch Neuheiten und Überraschungen bereithält.

Fachwissen und Leidenschaft

Ein Whisky ist mehr als nur die Summe seiner Zutaten, und in jedem einzelnen Tropfen stecken nicht nur Individualität und Geschichte, sondern vor allem auch eine Menge Leidenschaft. Es ist die Leidenschaft der Mälzer, die das Getreide immer wieder von Hand wenden, damit die Keimung besser voranschreiten kann (siehe Seite 20). Und es ist die Leidenschaft der Brenner und Brennmeister, die den Alkohol aus dem Getreide herauskitzeln, dem Branntwein Charakter geben und ihn verfeinern. In Irland etwa sind sie es, denen das größte Lob im Zusammenhang mit der Whiskyherstellung zugesprochen wird. Sie sind es, die mit einer dreifachen Destillation noch mehr Feinheit und noch mehr Raffinesse in den traditionellen Pure Pot Still Whisky bringen (siehe Seite 35ff).
In anderen Ländern wie etwa Kanada hingegen sind es die Master Blender, die für ihre Leidenschaft in puncto Whiskyherstellung gerühmt werden. Da hier beinahe ausschließlich Blended Whiskys (siehe Seite 30ff) kreiert werden, wäre an einen Erfolg der entsprechenden Marken ohne die ausgewiesenen Meister ihres Faches gar nicht zu denken. Die Master Blender sind es, die mehrere Whiskys zu einer ausgewogenen Komposition verbinden und dabei gleichzeitig den stets exakt gleichen Charakter erzeugen. Diese Experten verfügen über besonders feine und gut trainierte Nasen, die die Eigenarten eines Whiskys sofort zu erkennen vermögen. Um welchen Produktionsprozess es sich auch handelt: Die Arbeit, die in ihm steckt, macht den Whisky zu dem, was er ist, und ohne die Leidenschaft aller Beteiligten wäre die „Whiskylandschaft“ heutzutage sicherlich nicht so reich bestückt.

„Den" Whisky gibt es nicht

Viele Laien, aber auch Kenner und Liebhaber, fragen sich, welcher Whisky als der beste seiner Art bezeichnet werden kann. Da der Genuss stets auf einem subjektiven Geschmackserlebnis basiert, kann es eine objektive Antwort auf diese Frage jedoch nicht geben. Während der eine vielleicht lieber einen sehr klaren und reduzierten Whisky genießt, der sich mit eindeutigen Aromen und Geschmacksnuancen präsentiert, liebt der andere etwa einen vollen, überdurchschnittlich komplexen Whisky, der bei der Verkostung nur langsam seine geschmacklichen Geheimnisse preisgibt.
Aus diesem Grund kann auch keine allgemeingültige Empfehlung ausgesprochen werden, welchen Whisky sich Einsteiger unbedingt besorgen sollten, um von Beginn an optimal in die Welt dieser edlen Spirituose eintauchen zu können. Mit einem zu komplexen Whisky zu starten kann genauso schwierig sein wie mit einem sehr einfachen. Die persönlichen Vorlieben muss daher jeder für sich selbst entdecken und entwickeln.

Inspiration in Fachgeschäften und auf Messen

Als Einsteiger haben Sie oftmals die Qual der Wahl. Anstatt aufs Geratewohl mit unbekannten Marken und Erzeugnissen zu experimentieren, sollten Sie sich vor dem Kauf Ihrer ersten Flasche Whisky von einem Experten, beispielsweise in einem Spirituosen- oder Whiskyfachgeschäft, beraten lassen. Wer sich beispielsweise nicht mit stark rauchigen Noten anfreunden kann, für den wäre es schließlich unglücklich, sich z. B. für einen torflastigen schottischen Single Malt zu entscheiden. Lassen Sie sich jedoch bei der Beratung nicht abschrecken, sondern versuchen Sie, unvoreingenommen an die Sache heranzugehen. Viele Einsteiger gehen davon aus, dass nur schottische Erzeugnisse als echte Whiskys bezeichnet werden können, doch auch in Irland, in den USA und sogar in Japan und Australien werden mittlerweile ganz besondere Tropfen destilliert, die den internationalen Vergleich nicht scheuen müssen (siehe ab Seite 56).
Falls Sie bloßen Expertenempfehlungen nicht vertrauen wollen, lohnt sich ein Besuch auf einer der vielen Whiskymessen. Dort sind neue wie traditionelle Whiskysorten und -marken gleichermaßen in großer Anzahl vertreten.

WHISKY
SHOP

JACK DANIEL'S
Tennessee
WHISKEY

THE IRISH WHISKEY COLLECTION
JAMESON

TRADITION UND GESCHICHTE

Verboten, legalisiert, mit Steuern immer wieder hoch belastet, aber auch schwarzgebrannt, geschmuggelt und schließlich in der High Society angekommen – Whisky hatte im Laufe der Jahrhunderte eine turbulente und schillernde Geschichte. Lernen Sie im Folgenden einige wichtige Eckpunkte und Meilensteine dieser bewegten Historie kennen.

Wiege der Destillierkunst

Die Wurzeln der Whiskyproduktion liegen weitgehend im Dunkeln, und bis heute ist nicht hundertprozentig klar, wer die wohlschmeckende Spirituose eigentlich erfunden hat. Die Schotten behaupten, der Whisky käme aus Schottland, die Iren sind sich sicher, dass er in Irland erfunden wurde. Doch die Anfänge der Destillierkunst liegen wohl noch viel weiter zurück.

Die meisten Forscher und Experten sind sich einig, dass zwei wesentliche Faktoren für die Entstehung des Whiskys verantwortlich waren: zum einen die Kunst, aus Getreide und Hefe Bier herzustellen, und zum anderen die Fähigkeit, Bier zu brennen und so noch gehaltvoller zu machen.

Nach heutigem Forschungsstand stellten bereits die Mesopotamier, die sich 11.000 v. Chr. in Vorderasien niederließen, erste Experimente rund um das Destillieren an. Auch die Ägypter, die Sumerer und viele andere antike Kulturen kannten den Genuss alkoholischer Getränke. So gibt es beispielsweise bebilderte Steintafeln, auf denen das Trinken von Bier bzw. bierähnlichen Getränken dargestellt ist. Wann genau jedoch die ersten Schritte rund um den Destillationsprozess in die Wege geleitet wurden, lässt sich heute nicht mehr genau rekonstruieren.

Klerikale Brenner

Auch die Frage, wie das Rezept für die Destillation whiskyähnlicher Getränke nach Europa kam, ist noch ungeklärt. Historische Forschungen und Untersuchungen legen nahe, dass die Spirituose durch irische Mönche nach Europa kam, die das Wissen rund um den Prozess der Destillation auf ihren Reisen erworben hatten. Die Mönche sollen das Getränk in erster Linie zu medizinischen Zwecken genutzt haben. Sie tranken Whisky vornehmlich, um sich an kalten Tagen aufzuwärmen und verschiedene Krank-

Berauschende Medizin

Auch wenn Spirituosen wie Whisky heutzutage in erster Linie aus Genussgründen konsumiert werden und allgemein bekannt ist, dass ein zu exzessiver Konsum eher gesundheitlichen Schaden als Nutzen mit sich bringt, ist die Verbindung von Alkohol und Gesundheit auch heute noch in vielen Bräuchen und Ritualen erkennbar: Die deutschen Trinksprüche „Auf die Gesundheit" oder „Zum Wohle" sind hierfür zwei klassische Beispiele.

heiten zu behandeln. Da er gewissermaßen als „Allheilmittel" gegen jegliche Art von Krankheit galt, wurde er auch als „Wasser des Lebens" (siehe Seite 7) bezeichnet. Nach und nach breitete sich die Kunde von dem wohlschmeckenden und anregenden Branntwein aus, und das Whiskyrezept wurde über die klösterlichen Mauern hinausgetragen.

Traditionsreiche Destillerien

Zu den ältesten heute noch in Betrieb befindlichen Destillerien gehören die irische Brennerei Old Bushmills, die 1743 erstmalig erwähnt und 1784 offiziell gegründet wurde, der irische Produzent Kilbeggan, gegründet 1757 sowie in Schottland Glenturret (offizielles Gründungsjahr 1775) und Bowmore (Gründungsjahr 1779).

Gesetze, Steuern und das gemeine Volk

Nicht nur aufgrund seiner berauschenden Wirkung wurde Whisky schnell sehr beliebt. Ursprünglich war seine Herstellung – gerade in Irland und Schottland – eine praktische Methode, um überschüssiges Getreide gewinnbringend weiterverarbeiten zu können. Es entstanden nach und nach immer mehr Brennereien, und auf vielen Höfen wurde Whisky destilliert. Schließlich nahm der einstige landwirtschaftliche Nebenerwerb solche Ausmaße an, dass auch die Regierungen darin eine lukrative Einnahmequelle erkannten. So wurden Produktion und Verkauf mit Steuern belegt oder gar zu einem fürstlichen Privileg erklärt. Da das Aufbegehren der Bauern hiergegen von wenig Erfolg gekrönt war, begannen die meisten, ihren Whisky nachts zu brennen. Ein Heer von Schwarzbrennereien machte einen guten Umsatz, stets bestand jedoch die Gefahr, entdeckt zu werden. Ein Wendepunkt begann mit der Legalisierung und Freigabe des Whiskybrennens. Dies fand in den einzelnen Herstellerländern zu unterschiedlichen Zeitpunkten statt: in Irland bereits im Jahr 1608, in Schottland hingegen erst im ersten Drittel des 19. Jahrhunderts. Die Brenner erwarben Lizenzen für die Whiskyherstellung und erwirtschafteten daraus reichlich Gewinn.

Der Adel kommt auf den Geschmack

Zu einer größeren Popularität trug ein weiteres Ereignis bei, das sich am besten als landwirt-

F33

schaftliche Katastrophe beschreiben lässt und den Whisky auch in gehobeneren Kreisen verbreitete. Lange war Whisky, da er aus sehr preisgünstigen Zutaten hergestellt werden konnte, ein Getränk der ärmeren Bevölkerung. Bauern und Landarbeiter berauschten sich am preiswerten Getränk, während der Adel gute Weine und Weinbrände aus ganz Europa genoss. Gegen Ende des 19. Jahrhunderts jedoch fielen allerorts die Rebstöcke neu auftretenden Massenpopulationen von Rebläusen zum Opfer, sodass für die Herstellung von Wein und Weinbrand keine Trauben mehr zur Verfügung standen. Die adeligen Höfe mussten auf ein anderes Getränk zurückgreifen – und da kam der Whisky, der zu dieser Zeit bereits in großen Mengen produziert wurde, gerade recht. So deutlich die sozialen Unterschiede auch sein mochten – der Whiskygenuss verband seither alle Bevölkerungsschichten.

Das Geheimnis der Lagerung

Zu seiner Anfangszeit hatte Whisky mit den geschmacklichen Genüssen, für die er heute bekannt ist, nur wenig zu tun. Dies lag vor allem an der Tatsache, dass er früher in Gefäßen aller Art gelagert und verkauft wurde. Erst mit der steigenden Popularität der Spirituose stiegen auch die Absatzmengen und machten einen Transport notwendig. Hierbei kam es zu einer einschneidenden Entwicklung, die auch heute noch als einer der wichtigsten Einflussfaktoren bei der Whiskyherstellung angesehen wird: der Lagerung in Holzfässern. Sie ist dafür verantwortlich, dass der Whisky seine einzigartigen Aromen und Geschmacksnuancen entwickelt und seinen individuellen Charakter annimmt (siehe Seite 24ff).

Erst seit dieser Neuerung kann man von Whisky im eigentlichen Sinne sprechen.

Neue Verfahren und Sorten

1831 entwickelte der irische Ingenieur Aeneas Coffey ein neues Brennverfahren, das heute als Säulenbrennverfahren bekannt ist. Hiermit war es möglich, binnen kürzester Zeit und unter Einsparung erheblicher Kosten große Mengen an Whisky zu destillieren. Dies wiederum gab Anlass für eine weitere bedeutende Neuerung: die Entstehung des Blends (siehe Seite 30ff). Hierfür wurden die bis dahin bekannten Malt Whiskys (siehe Seite 29f) mit Grain Whiskys (siehe Seite 33ff) verschnitten. Letztere waren eine Neuentwicklung, die sich aus dem preisgünstigen Säulenbrennverfahren ergab. Durch diese beiden Meilensteine in der Whiskygeschichte konnten Whiskys in größeren Mengen, zahlreicheren Variationen und zu einem günstigeren Preis auf den Markt gebracht werden. Sie bereiteten den Weg für viele Produkte und Innovationen, die den Whisky heute zu einem so facettenreichen und beliebten Getränk machen.

DAS GEHEIMNIS DER ENTSTEHUNG

Whisky ist mehr als nur die Summe seiner Zutaten. Er präsentiert sich als kunstvolle Spirituose mit Stil und Eleganz. Wenn Sie einen Whisky kosten, genießen Sie das Ergebnis harter Arbeit und des Gefühls für perfektes Timing. Schnell werden Sie feststellen, dass kein Whisky dem anderen gleicht, denn jede Destillerie schwört auf ihre eigene Geheimrezeptur. Und doch gibt es ein einheitliches Basisrezept, das Sie im Folgenden kennenlernen werden.

Die Zutaten

Whisky ist ein typischer Branntwein, für dessen Herstellung eigentlich nur drei Komponenten benötigt werden: Getreide, Wasser und Hefe. Andere Zutaten sind bei der Herstellung in der Regel weder erwünscht noch erlaubt. Dennoch gibt es in Bezug auf Wasser, Getreide und Hefe erstaunlich viele Variationsmöglichkeiten. So arbeiten einige Destillerien beispielsweise mit ihren eigenen Hefestämmen und -kulturen, die bereits seit Generationen bei der Gärung von hauseigenen Whiskys eingesetzt werden.

Grundsubstanz Wasser

Deutliche Unterschiede lassen sich beim Wasser erkennen, das für die Whiskyerzeugung verwendet wird. Mancherorts ist das Wasser weich und klar, wohingegen andere Brennereien ihren edlen Tropfen unter Verwendung von sehr hartem, kalkhaltigem oder sogar torfigem Wasser herstellen. Das Gestein, durch das sich das Wasser im Laufe der Jahrhunderte einen Weg gebahnt hat, bevor es in einer Destillerie eingesetzt wird, übt einen großen Einfluss auf die späteren Eigenschaften der Spirituose aus und kann beispielsweise Aroma und Körper deutlich verändern (siehe Seite 54f). Manche Experten gehen sogar davon aus, dass das Wasser den wichtigsten Anteil am späteren Charakter eines Whiskys ausmacht, wobei diese Theorie insbesondere aufgrund fachspezifischer Forschungsergebnisse durchaus als strittig bezeichnet werden kann. Einig sind sich die Experten jedoch darüber, dass das Wasser sauber und klar sein muss, unabhängig davon, ob es dem Whisky direkt zugeführt oder nur zum Kühlen der Kondensatoren beim Destillieren verwendet wird.

Getreide als Basis

Das Getreide hat, ähnlich wie das Wasser, einen bemerkenswerten Einfluss auf den späteren Charakter eines Whiskys. Im Laufe der Zeit haben sich ganze Whiskytraditionen herausgebildet, die sich u. a. dadurch unterscheiden, welches Getreide sie für die Herstellung verwenden (siehe Seite 28ff). Gerste ist hierbei der typischste Vertreter und gilt bis heute als wichtigstes Getreide für die Whiskyproduktion. Es gibt kaum eine Whiskykreation, die gänzlich ohne einen Teil Gerste auskommt. Dabei werden nur die hochwertigsten Gerstesorten verwendet, die sich in der Brennereitradition als besonders empfehlenswert erwiesen haben. In Schottland

beispielsweise existieren offiziell neun verschiedene Arten von Gerste, aber nur drei davon haben sich bei der Herstellung hochwertigen Whiskys durchsetzen können.
Neben Gerste spielt Mais eine immer größer werdende Rolle, wobei dieses Getreide vorwiegend für die Erzeugung amerikanischer Whiskys eingesetzt wird. Bourbon z. B. muss einen Maisanteil von mehr als 51 Prozent aufweisen, um seinen Namen legal tragen zu dürfen. In den europäischen Whiskytraditionen wird dem Mais als Whiskygrundlage hingegen eher wenig Beachtung geschenkt.
Anders verhält es sich bei Roggen und Weizen, die beide immer häufiger verwendet werden. Weizen ist allerdings meist nur Bestandteil von Grain Whiskys, die in erster Linie nicht pur genossen, sondern für die Herstellung der Blends verwendet werden (siehe Seite 30ff).

Das Mälzen

Das Mälzen der Gerste erscheint vom ersten Moment an als ein besonders aufwendiger Prozess – und genau dies entspricht aus traditioneller Sicht auch der Wahrheit. In Destillerien, die ihr Getreide noch selbst mälzen und dabei auf die klassische Vorgehensweise setzen, kommt zudem noch echte Muskelkraft zum Einsatz. Dabei scheint der Grundgedanke hinter dem Mälzen eigentlich recht einfach: Um das Getreide für die Herstellung von Whisky nutzen zu können, muss es zuvor keimen und die im Innersten verborgene Stärke freisetzen. Diese Stärke kann dann zunächst in Zucker und später in Alkohol umgewandelt werden. Kommt es beim Mälzen zu Fehlern, können diese später gravierende Auswirkungen auf jeden einzelnen Tropfen Whisky haben, der mit dem gemälzten Getreide hergestellt wird. Viele Brennereien mälzen ihr Getreide heute nicht mehr selbst, sondern beziehen es von spezialisierten Mälzereien. Es gibt aber auch einige Destillerien, die nichts dem Zufall überlassen wollen und alle Produktionsschritte in die eigene Hand nehmen.

Einweichen

Das Einweichen ist der erste Schritt beim Mälzen hochwertiger Gerste. In mit Wasser gefüllten Kübeln und Bottichen werden die Getreidekörner so lange eingeweicht, bis sie zu keimen beginnen. Die Zufuhr von Sauerstoff ist dabei ebenso wichtig wie der regelmäßige Austausch des Wassers, denn nur so wird das Korn mit einer ausreichenden Energiemenge versorgt, um das Wasser optimal aufnehmen und für die Keimung nutzen zu können.

Keimen

Ein Gerstenkorn, das in Wasser eingeweicht und mit ausreichend Sauerstoff versorgt wird, beginnt erst zu keimen, nachdem es aus dem Wasser genommen wurde. Die zeitliche Verzögerung zwischen diesen beiden Vorgängen beträgt bis zu 36 Stunden. Um die Keimung voranzubringen und damit die Stärke im Korn freizusetzen, werden die Körner nach dem Einweichen auf einer Tenne oder einem Mälzboden ausgebreitet. Damit die Keimung regelmäßig und gleichmäßig vonstatten geht, müssen die Körner von Zeit zu Zeit gewendet werden. Gerade das Wenden des Getreides ist mit viel Aufwand und körperlichem Einsatz verbunden.

Auch für eine ausreichende Belüftung sowie die richtige Temperatur auf dem Mälzboden muss gesorgt werden.

Darren

Viele Experten bezeichnen nicht etwa den Vorgang, mit dem das Getreide zum Keimen gebracht wird, als den wichtigsten Arbeitsschritt beim Mälzen, sondern den Vorgang, mit dem der Keimungsprozess gestoppt wird. Denn wenn der Keimling eine gewisse Größe erreicht hat, würde jedes weitere Keimen und Wachsen dazu führen, dass die für den Whisky benötigte Stärke im Korn vom Keimling selbst aufgebraucht würde.
Gestoppt wird dieser Vorgang durch das Darren. Die Körner werden dabei auf einem Gitter ausgebreitet und von unten durch Hitze getrocknet. Dabei ist darauf zu achten, dass die Körner gleichmäßig auf dem Gitter verteilt sind und dass alle ausreichend Hitze erhalten. An dieser Stelle im Mälzprozess kommt der für viele Whiskysorten so typische Torf zum Einsatz: Das Darren kann über einem Torffeuer stattfinden, wobei das Korn die Raucharomen aufnimmt und so später den charakteristisch-würzigen Geschmack von getorftem Whisky bestimmt.

Das Maischen

Die Alkoholgewinnung ist mit dem Mälzen noch lange nicht abgeschlossen: Die hierbei freigesetzte Stärke muss zunächst noch in Zucker umgewandelt werden. Dies geschieht beim Maischen. Hierbei werden die aufgekeimten Getreidekörner zunächst geschrotet und anschließend mit Wasser vermengt. Die Enzyme im Getreideschrot sorgen dafür, dass die Stärke in Zucker umgewandelt wird. Der hohe Enzymgehalt in der gemälzten Gerste ist auch einer der Gründe dafür, weshalb gerade dieses Getreide bei der Whiskyherstellung so häufig verwendet wird. Das Umwandeln und Auslösen des Zuckers geht dadurch deutlich schneller und einfacher vonstatten.
Der Getreideschrot wird in der Regel dreimal mit exakt temperiertem Wasser übergossen und ruht danach eine gewisse Zeit. In diesem Zeitraum geht der Zucker aus dem Schrot ins Wasser über. Dieses wird anschließend abgelassen, aufgefangen und von da an als Würze bezeichnet. Die Würze enthält den wesentlichen Teil des Zuckers, der sich zuvor in den Getreidekörnern befunden hat. Das Getreide wird anschließend für die Whiskyherstellung nicht mehr benötigt, sondern z. B. als Viehfutter verwendet.

Das Gären

Die beim Maischen entstandene Würze mit dem darin enthaltenen Zucker wird nun für das Gären vorbereitet. Hierbei kommen verschiedene Hefestämme ins Spiel, die den Zucker in der Maische in Alkohol umwandeln. Hierfür werden Hefelösung und Würze gemeinsam in einen Gärbottich gefüllt und anschließend bis zu 100 Stunden ruhen gelassen.
Je länger der Gärprozess dauert, desto größer wird das Risiko, dass sich Bakterien im Endprodukt bilden, die z. B. den Geschmack oder das Aroma beeinträchtigen. Wird der Gärprozess

hingegen zu früh unterbrochen, fallen Alkoholgehalt und Aroma im Endprodukt zu schwach aus. Beim Gären muss außerdem besonders intensiv auf Hygiene geachtet werden, damit keine ungewollten Mikroorganismen in den Gärbottich eindringen und dort die Würze verderben.

Das Brennen

Beim Brennen von Alkohol sind es vorwiegend physikalische Gesetzmäßigkeiten, die zum Tragen kommen. Alkohol und Wasser haben individuelle Siedepunkte und verdampfen dementsprechend unterschiedlich schnell. Alkohol wechselt seinen Aggregatszustand beim Erhitzen deutlich früher als Wasser, verwandelt sich in Dampf, steigt auf und kann dann unter den richtigen Umständen kondensieren und wieder flüssig werden. Diese Prinzipien machen sich Whiskydestillerien rund um den Globus zu eigen.
Hierfür kommt die vergorene Würze in sogenannte Brennblasen, die in der Fachsprache auch als „Pot Stills" bezeichnet werden. Für gewöhnlich durchläuft ein Whisky mehrere Destillierungsprozesse, bevor er den optimalen Alkoholgehalt erlangt hat. Hierfür werden bisweilen unterschiedliche Brennblasen verwendet. Traditionelle Brennblasen sind in der Regel aus Kupfer hergestellt, wobei Innovationen und Modernisierungen auch in der Whiskyherstellung Einzug gehalten haben. So kommt bei der modernen Whiskyherstellung immer häufiger das sogenannte Säulenbrennverfahren zum Einsatz, weil hierdurch die Kosten deutlich reduziert werden.

Das Cutten

Das Ergebnis des Brennvorgangs zeichnet sich durch zwei Besonderheiten aus: Erstens ist es keineswegs als homogene Flüssigkeit zu betrachten, die sich durch eine einheitliche Qualität auszeichnet, und zweitens kann es zu

Wash bzw. Distiller's Beer

Das, was beim Gärprozess entsteht, sprich die vergorene Würze, kann auch als besonders starkes und überdurchschnittlich herbes Bier genossen werden. In diesem Zusammenhang sprechen schottische und irische Kenner häufig vom „Wash", wohingegen die Bezeichnung im amerikanischen Raum „Distiller's Beer" lautet.

Individuelle Brennblasen

Traditionelle Destillerien, wie sie insbesondere in Schottland und Irland zu finden sind, setzen in der Regel auch heute noch auf kupferne Pot Stills. Dabei gibt es von Destillerie zu Destillerie bemerkenswerte Unterschiede: Es gibt Brennblasen, die einen sehr breiten und kurzen Hals aufweisen, und andere, deren Hals sehr schmal und lang ist. Dies hat u. a. Auswirkungen auf Geschmack, Körper und Aroma des späteren Whiskys.

diesem Zeitpunkt noch nicht als Whisky bezeichnet werden. Man kann sich dies folgendermaßen vorstellen: Nach der zweiten Destillation enthält eine gewisse Menge am Anfang und Ende des Destillats – Vor- und Nachlauf – einen zu hohen Gehalt an ungenießbaren Fuselalkoholen. Deshalb werden Vor- und Nachlauf vom weiteren Produktionsprozess getrennt und zu einem späteren Zeitpunkt noch einmal gebrannt, um daraus gegebenenfalls genießbare Geschmacksträger zu gewinnen. Was übrig bleibt, ist der Mittel- oder Hauptlauf, der als „Middle Cut" oder „Cut" bezeichnet wird. Dieser Teil, der später in Fässer abgefüllt wird, ist auch als „New Make" bekannt. Die Bezeichnung Whisky darf er zu diesem Zeitpunkt noch nicht tragen, da die Reifung in Holzfässern noch nicht abgeschlossen ist.

Lagern und Reifen

Der New Make wird vor dem Abfüllen in Fässer für gewöhnlich mit Wasser verdünnt, um den Alkoholgehalt zu reduzieren. Normalerweise liegt der Alkoholgehalt danach bei etwa 63 Prozent, was die ideale Voraussetzung für die Reifung bildet. Beim Reifen selbst spielen sowohl die Fässer als auch die Lagerbedingungen eine entscheidende Rolle für das spätere Gesamtergebnis und genau deshalb setzt jede Destillerie in diesem Zusammenhang auf besondere Tricks und Kniffe.

Reifen in Holzfässern

Kaum jemand, der sich nicht näher mit dem Herstellungsprozess von Whisky befasst hat,

wird die intensive Arbeit hinter diesem Produktionsvorgang zu schätzen wissen. Dies betrifft nicht nur das Mälzen, Maischen und Brennen, sondern bereits die Sorgfalt bei der Herstellung der zur Reifung nötigen Holzfässer. Oft werden diese von Hand ausgesucht, und nicht selten werden sogar einzelne Bäume nur zu dem Zweck gefällt, aus ihnen ein Fass für einen besonderen Whisky zu fertigen.
Zur Lagerung erstklassiger Whiskys werden in der Regel Fässer aus Eichenholz verwendet. Je nach Sorte sind die Fässer entweder neu und gänzlich unbenutzt oder sie befanden sich bereits in Gebrauch. Gerade in Schottland und Irland werden so gut wie nie unbenutzte Fässer für die Lagerung von Whisky verwendet. Stattdessen setzen die großen und kleinen Destillerien auf gebrauchte Fässer, in denen zuvor bereits andere Spirituosen eingelagert waren. Früher waren dies hauptsächlich Sherrys, deren Fässer an die europäischen Brennereien weiterverkauft wurden. Als die Sherryfässer aufgrund wirtschaftlicher Veränderungen immer teurer und seltener wurden, stiegen einige traditionelle Destillerien auf amerikanische Bourbonfässer um. Inzwischen sind gebrauchte Bourbonfässer, die sogenannten „After Bourbon Barrels", bei vielen schottischen und irischen Brennereien längst zum Standard geworden.
Früher ein Ding der Unmöglichkeit, beginnen die traditionellen Brennereien heute in Bezug auf ihre Fässer immer mehr zu experimentieren. Das betrifft nicht nur die verschiedenen Holzarten (wobei europäische und amerikanische Eiche noch immer dominiert), sondern auch die Spirituosen, die zuvor in den Fässern eingelagert waren. So kommen inzwischen auch spezielle Abfüllungen in Madeira- oder gar Weinfässern immer wieder in kleinen Mengen auf den Markt und finden reißende Abnehmerzahlen.

Das Lagerhaus

Oftmals geht man – von den verwendeten Zutaten einmal abgesehen – davon aus, dass es ausschließlich die Fässer sind, die dem Whisky seinen Geschmack und sein Aroma verleihen. Längst ist jedoch klar, dass auch die Umgebungsfaktoren bei der Lagerung eine Rolle spielen. Sowohl die Lage als auch das Klima im Lagerhaus sind hierbei entscheidend. Man unterscheidet verschiedene Arten von

Lagerhäusern, die jeweils ihre eigenen Reifebedingungen mit sich bringen. Sogenannte Dunnage Warehouses etwa sind kleine Gebäude aus Stein, die meist über ein Schieferdach verfügen. In diesen kleinen Lagerhäusern können mehrere Hundert Fässer eingelagert werden, die hier in der Regel sehr langsam reifen. Zwischen den hier gelagerten Fässern bestehen aufgrund der geringen Größe fast keine Temperaturunterschiede, sodass die Inhalte der Fässer sich geschmacklich stark ähneln.
In Racked Warehouses hingegen lagern nicht selten bis zu 20.000 Fässer in verschiedenen Höhen übereinander. Durch diese Höhenunterschiede sind sie unterschiedlichen Temperaturen ausgesetzt. Dies wiederum hat großen Einfluss auf den Reifungsprozess und führt zu unterschiedlichen Ergebnissen, die nur durch den Master Blender (siehe folgenden Abschnitt), der sie später optimal zusammenführt, überblickt werden können.

Das Blending

Den Vorgang des Blendings kann man verschiedenartig beschreiben: Mehrere Whiskys werden miteinander verschnitten, vermischt oder „verheiratet". Wie man es auch nennt: Stets gilt, dass nur wenige Menschen auf der Welt die Fähigkeit besitzen, Whiskys unterschiedlicher Sorten und aus verschiedenen Fässern im perfekten Verhältnis miteinander zu verbinden. Dies sind die sogenannten Master Blender.
Ihre Tätigkeit ist auf die unterschiedlichen Einflussfaktoren zurückzuführen, die sich in den einzelnen Abfüllungen bemerkbar machen: Da jedes Holzfass ein echtes Unikat ist, gibt es jeweils ganz eigene Aromastoffe in unterschiedlichen Mengen an seinen Inhalt ab. Temperaturschwankungen sowie die Position des Fasses im Lagerhaus können einen zusätzlichen Einfluss ausüben. Um diese Unterschiede auszugleichen, werden die einzelnen Abfüllungen miteinander verbunden, um einen einheitlichen Geschmack zu erhalten. Schließlich soll der Kunde mit einer gleichbleibenden Qualität bedient werden und nicht jedesmal einen gänzlich anders mundenden Whisky erhalten, obwohl er stets dieselbe Sorte der gleichen Marke kauft.
Doch nicht nur gleiche Sorten aus unterschiedlichen Fässern werden miteinander verblendet, sondern auch gänzlich unterschiedliche Whiskyarten. So gibt es beispielsweise in Schottland viele Blended Scotchs, bei denen nicht selten bis zu 50 verschiedene Whiskys kombiniert werden. Meist sind daran sowohl Grain als auch Malt Whiskys beteiligt (siehe Seite 28ff). Verschiedene Prädikate und Labels helfen dem Kunden bei der Orientierung bezüglich des Flascheninhalts. Immer gilt dabei: Je höher der Anteil der Malts im fertigen Blend, desto teurer ist der Whisky.

Einfluss des Fasses intensivieren

Viele Destillerien versuchen, die aromatischen Komponenten, die vom Holzfass auf das Destillat übergehen, zu intensivieren. Dafür werden die Fässer beispielsweise ausgekohlt. Die Kohleschicht ist einerseits dazu bestimmt, eigene Aromen an die Spirituose abzugeben, und hilft andererseits dabei, Aromastoffe aus dem Holz in den entstehenden Whisky zu übertragen.

DIE VIELSEITIGKEIT DER WHISKYSORTEN

Mit seinem Siegeszug rund um den Globus haben sich auch die verwendeten Zutaten, die Brennmethoden und die Geschmackskomponenten des Whiskys verändert. Hierdurch sind neue Whiskysorten entstanden, von denen jede ihre besonderen Eigenheiten hat. So sind die amerikanischen Whiskys nur bedingt mit europäischen Erzeugnissen vergleichbar.

Malt Whisky – Genuss aus Gerste

Der klassische Malt gilt für viele als Prototyp des modernen und trotzdem sehr traditionellen Whiskys und wird nicht nur von Experten immer wieder mit Schottland und den dortigen Regionen verbunden. Dabei kann ein Malt grundsätzlich auch in jedem anderen Land der Welt hergestellt werden. Es ist in diesem Fall nicht eine Region oder eine Landschaft, die den Namen bzw. die Sorte bestimmt, sondern das Verfahren sowie die bei der Herstellung verwendeten Zutaten.

Charakteristika

Ein Malt darf, wie der Name schon sagt, ausschließlich aus Gerste hergestellt werden. Als weitere natürliche Zutaten sind lediglich Wasser und Hefe erlaubt. Die Gerste ist folglich die wichtigste Basis für die Herstellung eines Malts und stammt insbesondere bei schottischem Malt häufig direkt aus dem Inland. Ab dem Maischen des Getreides, bei dem die gemälzte Gerste zunächst fein gemahlen und anschließend mit Wasser versetzt wird, müssen sämtliche Arbeitsschritte in der Destillerie selbst durchgeführt werden, damit das fertige Produkt sich als Malt bezeichnen darf. Auslagerungen einzelner Produktionsschritte sind nur vor dem Maischen erlaubt und werden häufig beim Mälzen der Gerste in Anspruch genommen.
Neben den Zutaten und Arbeitsschritten, die in der eigenen Brennerei durchgeführt werden müssen, gibt es noch andere Vorgaben, die ein Whisky zu erfüllen hat, bevor er sich als Malt bezeichnen darf. So muss der Brennvorgang in sogenannten Pot Stills (Brennblasen) aus Kupfer erfolgen. In Schottland werden diese ohnehin traditionell für die Whiskyherstellung verwendet, was in anderen klassischen Whiskyländern wie beispielsweise Irland nicht unbedingt der Fall ist. Darüber hinaus muss ein Malt mindestens drei Jahre lagern, bevor er als Whisky in den Handel gelangen darf. Die meisten Brennereien, die heutzutage noch Malt herstellen, liegen mit ihrer Reifezeit aber deutlich über diesen Mindestanforderungen. Gelagert wird meist in Fässern, die zuvor für Bourbon, Sherry oder anderen Malt verwendet wurden. Hochwertige Malts werden meist nach einer Lagerzeit von

zehn, zwölf oder noch mehr Jahren verkauft. Mit dem Alter der Whiskys steigt allerdings auch der Preis.

Feinheiten und Abstufungen

Den meisten Whiskykennern ist der Malt ein Begriff und auch die Tatsache, dass dieser ausschließlich aus Gerste hergestellt werden darf, ist für viele nichts Neues. Etwas schwieriger wird es in Bezug auf die einzelnen Abstufungen, auf die durch zusätzliche Details im Namen oder auf dem Etikett des Whiskys hingewiesen wird. So ist beispielsweise häufig von Single Malts die Rede. Hierbei handelt es sich um Malt Whiskys, die in nur einer einzigen Brennerei hergestellt wurden. Die Bezeichnung „Malt" sagt schließlich nichts darüber aus, ob hierbei verschiedene Whiskys miteinander verblendet wurden oder nicht. Bei einem Single Malt kann es ebenfalls zum „Verheiraten" zweier oder mehrerer Malts kommen, jedoch müssen diese eben alle aus derselben Brennerei stammen. Noch verschärfter sind die Kriterien für die Bezeichnung „Single Single Malt" oder „Single Cask Malt": Hierbei stammt der Whisky nicht nur aus nur einer einzigen Destillerie, sondern sogar aus nur einem einzigen Fass. Auf diese Weise kommen Kenner in einen noch größeren und vor allem auch authentischeren Genuss, da sich an einem Single Single Malt seine ganz eigene Entwicklung erkennen lässt. Das genaue Gegenteil des Single Malt ist der Vatted Malt, bei dem Malts aus mindestens zwei verschiedenen Brennereien miteinander „verheiratet" werden. Diese Bezeichnung findet sich auf den Etiketten der im Handel erhältlichen Flaschen zwar nur überaus selten, dennoch hat der Vatted Malt eine lange Tradition in der schottischen sowie irischen Whiskyherstellung. Bisweilen werden erstaunlich kunstvolle Vatted Malts kreiert, die aus über einhundert verschiedenen Malts zusammengesetzt werden.

Entwicklungen und Perspektiven

Malts – vor allem Single Malts – gehören derzeit zu den beliebtesten Whiskysorten und verkaufen sich in allen Ländern der Welt hervorragend. Dabei war dies insbesondere bei den Single Malts keineswegs immer der Fall. Zwar handelt es sich bei den Malts aus historischer Perspektive um eine der ältesten Whiskyarten, jedoch geriet diese über einen langen Zeitraum hinweg immer mehr in Vergessenheit und trat beinahe gänzlich hinter andere Sorten, wie insbesondere den Blended Whisky, zurück. Erst in den letzten 30 bis 50 Jahren wurden die Single Malts wieder populärer und werden seitdem in Schottland und anderen Ländern regelmäßig produziert. Mittlerweile schätzen Kenner das überaus breite Geschmacks- und Aromenspektrum eines hochwertigen Single Malts – und nicht selten wird diese Art des Whiskys als die komplexeste und gleichzeitig anspruchsvollste bezeichnet.

Blended Whisky – Kreationen aus Meisterhand

Wie überaus vielseitig und komplex ein Whisky sein kann, zeigt sich nicht nur anhand seiner Farbe, seines Geschmacks und seines Aromenspiels. Schon ein Blick auf die Herstellungsweise einer bestimmten Sorte kann darlegen, wie viel Leidenschaft, Hingabe und Geschick benötigt wird, um die jeweiligen Kreationen zu erschaffen.

Malt und Grain als Basis

Während es bei den Single Malts vor allem die Destillerien sind, die hinter dem Produkt stehen, sind es bei den Blends eher die Master Blender, die der Schöpfung ihr Leben einhauchen. Bei Blended Whiskys werden zwei klassische Vertreter der aus Getreide gebrannten Spirituose miteinander „vermählt“: Grain Whisky und Malt Whisky. Die Anteile der einzelnen Sorten im fertigen Endprodukt können grundsätzlich variieren und sind nicht gesetzlich vorgeschrieben. Tendenziell lässt sich jedoch feststellen, dass meist ein Verhältnis von 60 zu 40 vorliegt, wobei der Anteil an Grain Whisky in den meisten Blends überwiegt. Je höher der Malt-Anteil in einem Blend ist, desto luxuriöser präsentiert sich der Whisky und wird dementsprechend auch zu einem höheren Preis verkauft. Den Preis bestimmt jedoch nicht nur der Anteil an Malt Whisky im Endprodukt, sondern vor allem auch das Alter der einzelnen verwendeten Whiskys sowie die Anzahl der kombinierten Elemente. Ein Blend, der aus fünf verschiedenen Whiskys besteht, ist in der Regel deutlich günstiger als einer, der aus 50 verschiedenen Arten hergestellt wird.

Grundrezept der Master Blender

Bei der Herstellung eines Blends kommt es auf viel Fingerspitzengefühl und eine feine Nase an. Das sogenannte Nosing ist ein wesentlicher Bestandteil der Arbeit eines Master Blenders. Denn für gewöhnlich charakterisiert dieser einen Whisky lediglich anhand seines Aromen-

Scotch und seine Dimensionen

Häufig wird im Zusammenhang mit Malt Whiskys auch vom Scotch gesprochen. Hierbei handelt es sich entgegen der allgemeinen Auffassung aber nicht um eine eigene Whiskysorte, sondern lediglich um eine Herkunftsbezeichnung. Da Malts mittlerweile rund um den Globus produziert werden, erhält der schottische Whisky hierdurch ein zusätzliches individualisierendes Attribut. Nicht nur Single Malts sind mit dem Zusatz „Scotch“ versehen, sondern auch andere Sorten wie beispielsweise Blends oder Grains (siehe Seite 30ff und 33ff).

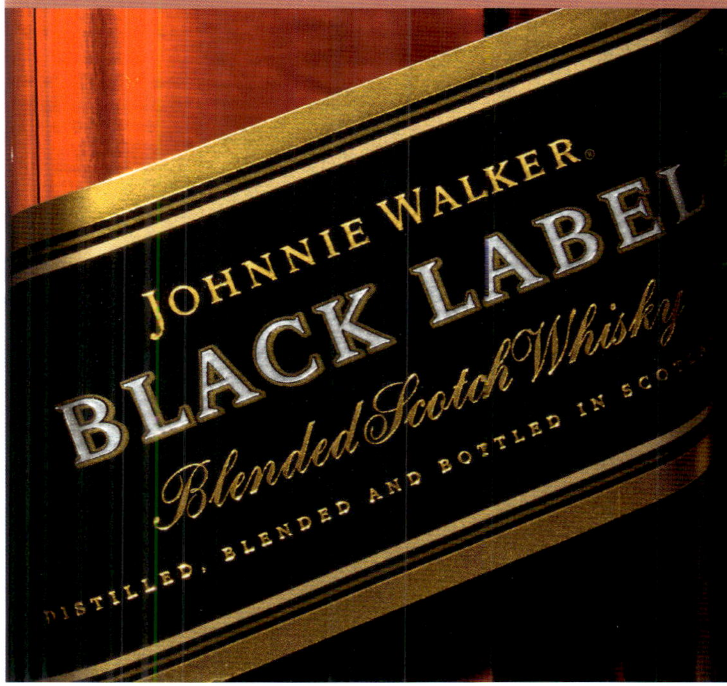

½oz
1oz
1½oz
2oz

spektrums, ohne dabei auch nur einen Schluck der Spirituose zu probieren.
Der Master Blender verfügt bei seiner Arbeit über eine Art Grundrezept, mit dessen Hilfe er einen Blend immer wieder aus denselben Whiskys zusammenstellen kann. Als besonders schwierig erweist sich hierbei die Tatsache, dass kein Whisky dem anderen gleicht, selbst wenn es sich um zwei identische Abfüllungen aus demselben Jahrgang handelt, die einfach nur in zwei unterschiedlichen Fässern gereift sind. Bisweilen kann es auch vorkommen, dass einzelne Whiskys nicht mehr verfügbar oder nur noch schwer erhältlich sind. Dann müssen die Master Blender Abweichungen von ihrem Grundrezept vornehmen und am Ende dennoch einen Blend erschaffen, der all seinen Vorgängern, die unter demselben Label verkauft wurden, in Geschmack, Farbe und Aroma gleicht.

Feinheiten und Abstufungen

Der Blend ist ein besonders spannender Whisky, der sich geschmacklich durch die Kombination verschiedener einzelner Erzeugnisse aus unterschiedlichen Fässern und Sorten charakterisieren lässt. Tatsächlich gibt es aber auch Blends, die sich als etwas schlichter und klarer strukturiert präsentieren. Die Rede ist von den sogenannten Single Blends. Diese wurden erst vor wenigen Jahren in Anlehnung an die Single Malts entwickelt. Ähnlich wie bei den Single Malts werden auch bei den Single Blends nur Whiskys aus einer einzelnen Destillerie verwendet. Da es jedoch nur wenige Brennereien gibt, die sowohl Malt Whiskys als auch Grain Whiskys herstellen, sind Single Blends derzeit noch überaus selten auf dem Markt und allein deshalb schon etwas Besonderes.

Entwicklungen und Perspektiven

Blended Whisky gehört heutzutage zu den meistverkauften Whiskys überhaupt, auch wenn andere Sorten wie beispielsweise Single Malts derzeit auf der Überholspur sind. Gründe für die Popularität der Blends dürften u. a. auch im Preis liegen, da viele international berühmte Blends relativ erschwinglich sind und nicht viel Erfahrung benötigt wird, um den vollen Geschmack angemessen würdigen zu können. Einige Whiskytraditionen und -nationen stellen praktisch nur Blends her. Hierzu gehört beispielsweise Kanada. Auch in Japan werden mittlerweile einige ausgezeichnete Blends kreiert. Als Archetyp für den moderndenBlend gelten heutzutage aber immer noch die Scotch Blended Whiskys (siehe Kasten Seite 31): Von etwa 1000 Whiskyflaschen, die derzeit in Schottland hergestellt werden, sind immer noch ungefähr 900 Blends. Da Blends in der heutigen Zeit generell immer raffinierter werden und mit den Single Blends eine ganz neue Linie erschaffen wurde, sehen die Zukunftsaussichten für diese Whiskysorte durchaus rosig aus.

Grain Whisky – Basisprodukt und Individualist

Ein neues Destillierverfahren revolutionierte vor einigen Jahren die Welt des Whiskys und schuf damit die Basis für eine günstige und dennoch hochwertige Sorte der populären Spirituose: Grain Whisky. Anders als bei Malts (siehe Seite 29f), Bourbons (siehe Seite 39ff) oder Ryes (siehe Seite 37ff) sind die Limitierungen bei einem Grain Whisky sehr undifferenziert. Schließlich

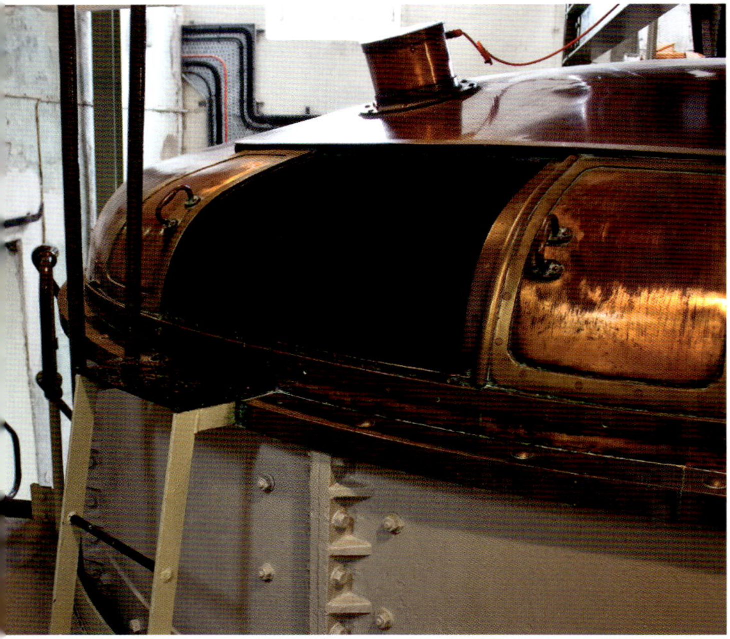

steht „Grain“ im Englischen ganz allgemein für Getreide – und aus Getreide besteht grundsätzlich jeder Whisky. Dies mag dazu beitragen, dass Grain Whisky oftmals als preisgünstiger Whisky ohne Seele gilt. Dennoch ist der Grain heutzutage aus der internationalen Whiskylandschaft nicht mehr wegzudenken.

Günstige Zutaten

Der Grain Whisky muss, anders als seine nahen Verwandten, nicht aus einem bestimmten Getreide bestehen. Stattdessen kann jedes Getreide für die Herstellung eines Grains verwendet werden, wobei die Kriterien für die Auswahl den Destillerien selbst überlassen sind. So kommt es, dass die Getreidesorten für die Herstellung in erster Linie nach dem Preis ausgewählt werden: Weizen, Roggen, Mais und Gerste – sie alle können als Basis für die Maische dienen. Verglichen mit der generellen Offenheit bezüglich der verwendeten Rohstoffe, sind die Vorgaben zur Destilliermethode beim Grain deutlich präziser: Grain wird nicht wie ein Malt in kupfernen Pot Stills gebrannt, sondern in Brennsäulen (Column Stills), die im Säulenbrennverfahren verwendet werden. Diese erlauben es, die komplette beim Maischen entstehende Würze auf einen Schlag zu destillieren und ermöglichen deshalb eine weniger zeit- und arbeitsintensive und damit gleichzeitig auch kostengünstigere Destillation.
Kritiker bemängeln allerdings, dass die beiden Kosteneinsparungen (Rohstoffe und Herstellungsprozess) dem Grain Whisky anzumerken seien. Das Destillat erweist sich auch nach jahrelanger Reifung in Eichenholzfässern als weniger aufregend, voll oder komplex – ganz anders als es beispielsweise beim Malt der Fall ist.

Feinheiten und Abstufungen

Deshalb wird Grain Whisky größtenteils für die Herstellung von Blends verwendet. Durch Zugabe von Grains können die entsprechenden Blends preisgünstiger verkauft werden. Seit einigen Jahren gibt es jedoch eine neue Generation von Whiskyliebhabern, die die Grains durchaus zu schätzen weiß. Für diese Kenner werden mittlerweile Single Grains hergestellt, bei denen die verwendeten Grainsorten allesamt aus derselben Destillerie stammen müssen.

Entwicklungen und Perspektiven

Single Grains in Analogie zu Single Malts könnten für den Grain Whisky ein zukunftsweisender Weg sein. Dank dieser Kreationen kann sich der Grain in den nächsten Jahren möglicherweise stärker als eigenständiger Whisky etablieren. Bis dahin bleibt ihm jedoch lediglich eine tragende Rolle bei der Herstellung der Blends, was allerdings stabile Zukunftsaussichten verspricht.

Pure Pot Still Whisky – irische Tradition

Wie in Schottland wird in Irland bereits seit Langem hochwertiger Whisky hergestellt. Insgesamt vier verschiedene Sorten werden hier regelmäßig produziert, wobei nur eine davon als wirklich traditionell irisch bezeichnet werden kann: der Pure Pot Still Whisky, der heutzutage zum Kummer vieler Liebhaber immer seltener auf den Markt kommt.

Das richtige Getreideverhältnis

Viele Laien denken, Malt und Pure Pot Still Whiskys würden sich grundsätzlich nicht sehr stark voneinander unterscheiden. Schließlich sind die Ausgangszutaten – Gerste, Wasser und Hefe – identisch. Wer jedoch einen genaueren Blick auf das Herstellungsverfahren eines Pure Pot Still Whiskys wirft, dem wird schnell klar, dass dasselbe Getreide allein noch nicht ausreicht, um für geschmackliche oder aromatische Ähnlichkeiten zu sorgen.
Denn während für einen klassischen Malt Whisky ausschließlich gemälztes Getreide verwendet werden darf, kommt bei Pure Pot Still Whiskys eine Mischung aus gemälzter und ungemälzter Gerste zum Einsatz. Sogar geringe Anteile von Roggen oder Hafer können der Maische zugesetzt und destilliert werden. Dies ist heutzutage allerdings nur noch selten der Fall. Bei einem Pure Pot Still Whisky kommt es auf das Mischverhältnis von gemälzter und ungemälzter Gerste an, wobei in der Regel ungemälzte Gerste den größeren Anteil hat.
Doch nicht nur in der Ausgangsbasis eines Pure Pot Stills zeigen sich deutliche Unterschiede zum Malt Whisky. Auch das Brennverfahren verläuft etwas anders: Zwar werden auch Pure Pot Still Whiskys in kupfernen Pot Stills gebrannt (daher auch der Name), allerdings wird die Spirituose nicht nur zweifach destilliert, wie dies in

der Regel beim Malt der Fall ist, sondern gleich dreifach. Aufgrund dieses dreifachen Brennvorgangs präsentieren sich die Pure Pot Stills als deutlich weicher, öliger und reiner, werden dadurch andererseits aber immer auch etwas teurer.

Feinheiten und Abstufungen

Der Pure Pot Still Whisky ist eine relativ neue Bezeichnung für eine sehr traditionelle Whiskysorte. Während dieser Whisky vor noch nicht allzu langer Zeit aufgrund seiner Destillationsmethode einfach nur als Pot Still Whisky bekannt war, wird inzwischen der Reinheitsaspekt mehr in den Fokus gerückt. Da die meisten irischen Whiskys mittlerweile nur noch für die Herstellung von Blends dienen, soll daher durch den Zusatz „Pure“ der Gedanke der Unverfälschtheit betont werden. Unterarten des Pure Pot Still Whiskys gibt es in erwähnenswertem Umfang nicht.

Entwicklungen und Perspektiven

Der Pure Pot Still bzw. Pot Still Whisky galt lange als traditionell irischer Whisky und war ein großer Konkurrent des Single Malts. Mittlerweile haben sich die Brenntraditionen dergestalt verändert, dass Pure Pot Stills nahezu ausschließlich für die Herstellung von Blends verwendet werden. Nur noch wenige Destillerien in ganz Irland konzentrieren sich auf die Herstellung von Pure Pot Still Whisky, wobei künftige Tendenzen derzeit noch nicht klar auszumachen sind. Schließlich gehen die Trends generell hin zur Wiederbelebung alter Traditionen, und hiervon kann vielleicht auch der hochwertige Pure Pot Still noch profitieren.

Rye – variantenreicher Amerikaner

Der Rye Whisky stammt ursprünglich aus Amerika und wird dort in einer langjährigen Tradition hergestellt. Mittlerweile schwinden allerdings nicht nur die Absatzmärkte für den aus Roggen hergestellten Whisky, sondern vor allem auch die Erzeuger. Dabei wissen Kenner einen qualitativ hochwertigen Rye sehr zu schätzen, da er eine ganz eigene Klasse für sich repräsentiert.

Von der Notlösung zum Alleinstellungsmerkmal

Der amerikanische Rye Whisky ist – wie so vieles in der amerikanischen Geschichte – den Einwanderern zu verdanken. Insbesondere die Schotten und Iren, die den Sprung über den großen Teich wagten, vermissten in der Ferne ihren geliebten Whisky und beschlossen deshalb schnell, diesen auch in der neuen Heimat zu produzieren. Binnen kürzester Zeit wurden sie dabei vor ein großes Problem gestellt: Die Gerste, die für die Herstellung von Malts und Pot Still Whiskys verwendet wurde, wuchs in Amerika schlechter als in den Heimatländern und eignete sich deshalb wenig, um aus ihr einen wohlschmeckenden und imposanten Whisky herzustellen. Fieberhaft wurde deshalb nach einer Lösung für das Problem gesucht und zahlreiche Experimente mit verschiedenen anderen Getreidesorten wurden angestellt. Die Entscheidung fiel hierbei letztendlich auf den Roggen. Insbesondere in den Staaten Maryland und Pennsylvania war der neue Rye Whisky sehr beliebt und hatte erst später mit dem aus Mais hergestellten Konkurrenten Bourbon zu kämpfen.

Einfache Vorschriften

Die gesetzlichen Vorschriften, die ein Whisky erfüllen muss, damit er sich als Rye bezeichnen kann, sind relativ einfach: Die für die Herstellung verwendete Maische muss zu mindestens 51 Prozent aus Roggen bestehen. Die restlichen

Teile können prinzipiell variieren, wobei meist mit Mais, Gerstenmalz und Weizen gearbeitet wird. Sogenannte Straight Ryes weisen jedoch häufig einen deutlich höheren Roggenanteil in der Maische auf, als vorgeschrieben ist. Im Anschluss an das klassische Destillationsverfahren muss der Rye Whisky mindestens zwei Jahre in neuen, frisch ausgekohlten Eichenfässern reifen, bevor er in Flaschen gefüllt und zum Verkauf freigegeben werden darf. Nach oben hin ist die Lagerungsdauer – wie sonst auch – offen.

Feinheiten und Abstufungen

Anders als in den USA, wo eine bestimmte Menge an Roggen in der Maische vorgeschrieben ist, kann ein kanadischer Whisky auch zu großen Teilen aus anderem Getreide bestehen und sich dennoch Rye Whisky nennen. Demzufolge werden bisweilen die Termini „Straight Rye Whisky", „American Rye" und „Canadian Rye Whisky" zur Abgrenzung verwendet.

Entwicklungen und Perspektiven

Während der Rye Whisky in Nordamerika lange als wichtigster, klassischster und vor allem populärster Vertreter seines Genres galt, sprechen die Entwicklungen der letzten Jahrzehnte eine deutlich andere Sprache: Die Produktion von traditionell amerikanischem Rye wurde immer weiter zurückgeschraubt, da die Nachfrage nahezu in den Keller rutschte. Dies mag unterschiedliche Ursachen haben, wird von den meisten Experten jedoch mit dem überdurchschnittlich würzigen und herb-bitteren Geschmack des Ryes begründet. Dieser ergibt sich aufgrund des hohen Roggenanteils und ist das charakteristische Merkmal des Rye Whiskys. Während sich vor der amerikanischen Prohibition (Alkoholverbot in den Jahren 1920 bis 1933) niemand an den herben Geschmacksnoten störte, veränderte sich das Geschmacksempfinden während und nach der Prohibition deutlich: Aufgrund des langen Verzichts auf einheimische Spirituosen – das wenige, das während der Prohibition getrunken wurde, stammte meist aus anderen Erzeugerländern und wurde in die Vereinigten Staaten geschmuggelt – war die Vorliebe für den Rye nach der Aufhebung des Alkoholverbots nur noch auf wenige Liebhaber beschränkt. Die Folge war eine sich stetig verringernde Produktionsmenge. Erst in den letzten Jahren haben sich verschiedene amerikanische Brennereien dazu entschlossen, den klassischen Rye wieder in größeren Mengen zu produzieren. Dies mag insbesondere darin begründet sein, dass die Geschmacksvorlieben der Whiskytrinker sich derzeit im Wandel befinden und ausgefallene Aromen und Geschmacksnuancen wieder populärer werden.

Bourbon – amerikanisches Urgestein

Der Bourbon gilt als der wichtigste und bekannteste Vertreter der nordamerikanischen Whiskytradition und wird bereits seit mehreren Generationen nach ein und demselben Rezept hergestellt. Mais ist dabei eine der wichtigsten Zutaten, doch auch das sogenannte Sour-Mash-Verfahren ist bei der Herstellung von größter Bedeutung.

Vorgaben für mehr Qualität

Bourbon ist in erster Linie aufgrund seines spezifischen Herstellungsverfahrens gekennzeichnet. Einige seiner Eigenheiten überschneiden sich mit dem ebenfalls sehr bekannten Tennessee Whisky (siehe Seite 42ff), wobei die Unterschiede aber auch für den Laien deutlich zu schmecken sind.
Die Maische, die für die Herstellung des Bourbons verwendet wird, muss zu mindestens 51 Prozent aus Mais bestehen, zusätzlich kann sie mit Roggen oder Weizen und Gerstenmalz aufgefüllt werden. In den meisten Fällen liegt der Maisgehalt in der Maische jedoch deutlich über der geforderten Mindestmenge. Allerdings sollte er die Grenze von 80 Prozent nicht über-

Corn Whisky und seine Eigenarten

Corn Whisky ist außerhalb der Grenzen Nordamerikas nur wenig bekannt und wird von vielen Kennern auch nicht einheitlich zur Kategorie der klassischen Whiskys gezählt. Bei der Herstellung muss die Maische mindestens 80 Prozent Mais enthalten. Das spätere Destillat darf nicht nur in neuen, sondern auch in alten Fässern gelagert werden. Eine Mindestlagerzeit gibt es nicht, weshalb einige Corn Whiskys schon nach 30 Tagen in Flaschen abgefüllt werden. Sie sind meist scharf im Geschmack und besitzen aufgrund des Maisgehalts eine schwere Süße.

schreiten, da der Whisky sonst nicht mehr als Bourbon, sondern als Corn Whisky gilt (siehe Seite 39).
Neben den geforderten Zutaten bei der Herstellung bestehen noch weitere gesetzliche Vorgaben. So darf beispielsweise beim Destillieren ein Alkoholgehalt von 80 Prozent Volumenalkohol nicht überschritten werden. In der Praxis werden derartige Werte jedoch ohnehin nur sehr selten erreicht. Vor dem Einlagern in nagelneuen, ausgekohlten Fässern aus amerikanischer Eiche wird dem Destillat zudem etwas Wasser zugefügt. Danach muss es für mindestens zwei Jahre in den Fässern ruhen, bevor der fertige Bourbon, in Flaschen abgefüllt, in den Handel gelangt.

Sour-Mash-Verfahren

Keine spezifische Eigenheit von Bourbon, aber dennoch einer Erwähnung wert ist das Sour-Mash-Verfahren. Zwar wird es in nahezu allen amerikanischen Brennereien angewendet, doch da der Bourbon der bekannteste amerikanische Whisky ist, soll es an dieser Stelle erläutert werden. Beim Sour-Mash-Verfahren werden die Reste, die nach dem ersten Destilliervorgang zurückbleiben, in feste und flüssige Bestandteile getrennt. Während die festen Bestandteile meist als Viehfutter weiterverwendet werden, wird die Thin Stillage (Dünnschlempe) – sprich der flüssige Rest – der Maische wieder zugefügt. Durch die saure Thin Stillage wird die nach

Zusatz von Wasser ph-neutrale Maische angesäuert, was den Hefen ein optimales Milieu für ihre Arbeit bietet. Außerdem hemmt das saure Umfeld das Wachstum unerwünschter Organismen wie etwa Bakterien.

Feinheiten und Abstufungen

Es liegt nahe zu glauben, der Bourbon verdanke seinen Namen – ebenso wie der Tennessee Whisky – seiner spezifischen Herkunft. Tatsächlich stammt der Bourbon in erster Linie aus Kentucky, wo es auch ein County namens Bourbon gibt. Kurioserweise gibt es in diesem Regierungsbezirk heutzutage nicht eine einzige Brennerei. Bourbon ist demnach als Whiskysorte prinzipiell ortsunabhängig und darf überall in den USA hergestellt werden. Der Zusatz „Kentucky“ auf dem Etikett kann für eine genauere Spezifizierung sorgen.
Eine Variante ist der Bonded Bourbon, der aus einer einzigen Brennerei und nur aus einem einzigen Jahrgang stammt. Außerdem muss er mindestens vier Jahre in Eichenfässern reifen, was diesen Bourbons eine besondere Qualität verleiht.

Entwicklungen und Perspektiven

Anders als andere Whiskys hat der Bourbon die amerikanische Prohibition ohne größere Einbußen überstanden. Er gehört heutzutage zu den populärsten Whiskysorten der Welt und wird praktisch rund um den Globus genossen. Die Brennereien, die hochwertige Bourbons herstellen, konzentrieren sich längst nicht mehr nur auf den Bundesstaat Kentucky, auch wenn sich dort noch immer die wichtigsten und größten Destillerien befinden. Die Prognosen für den

Die Reifezeit amerikanischer Whiskys

Während bei schottischen und irischen Whiskys die Reifezeit in den Fässern bisweilen nicht lang genug sein kann, achtet man bei Bourbon und anderen amerikanischen Whiskys auf ein gewisses Maximum. Da Bourbons und Tennessees nur in neuen Eichenfässern gelagert werden dürfen und diese Fässer deutlich intensivere Aromen und Geschmacksstoffe an ihren Inhalt abgeben, kann ein solcher Whisky bisweilen durchaus überlagern. Es bedarf folglich eines ausgeklügelten Systems, um einen Bourbon, einen Rye oder einen Tennessee lange, aber nicht zu lange reifen zu lassen.

Bourbon sind dementsprechend als absolut stabil zu bezeichnen, und zukünftig wird es sicherlich noch die eine oder andere Raffinesse geben, von der sich selbst ausgewiesene Experten überraschen lassen dürften.

Tennessee – noch mehr Reinheit

Beim Tennessee Whisky handelt es sich um eine geschützte Herkunftsbezeichnung: Nur diejenigen Whiskys, die tatsächlich in diesem amerikanischen Bundesstaat produziert wurden, dürfen sich so nennen. Der Tennessee Whisky ist ein überaus populärer und berühmter amerikanischer Whisky, der sich in seiner Herstellungsart sowie in seinen Grundzutaten nicht allzu sehr von seinem noch bekannteren Vetter, dem Bourbon, unterscheidet (siehe Seite 39ff). Und doch gibt es ein Detail im Herstellungsprozess des Tennessee, das dieser speziellen Spirituose ein Dasein als gänzlich eigenständige Whiskysorte ermöglicht …

Reinheit dank innovativer Filterung

Die Zutatenliste eines Tennessee Whiskys liest sich, im Grunde genommen, genauso wie die eines Bourbons: Eine Maische, die sich mindestens zu 51 Prozent aus Mais zusammensetzt und in der auch Roggen und Gerstenmalz ihren Platz finden, spezielle Hefekulturen und frisches Quellwasser – mehr braucht es nicht, um einen guten Tennessee herzustellen. Im Anschluss an die Destillation kommt es dann zu der besonderen Eigenheit, die den Tennessee Whisky zu einer eigenständigen Sorte werden lässt: Bevor das Destillat in die ausgekohlten Eichenfässer gelangt, erfolgt eine langwierige und überaus aufwendige Filtration. Diese Filtration wird auch als Lincoln County Process bezeichnet und wurde nach dem Ort benannt, in dem dieser Herstellungsschritt erfunden wurde. Beim Lincoln County Process wird aus Zuckerahorn zunächst Holzkohle hergestellt, die anschließend gestapelt wird. Das Destillat wird durch die Kohle gefiltert und verändert sich während dieses Vorgangs: Einerseits gibt es Fuselöle und unerwünschte Aromastoffe an die Kohle ab, andererseits nimmt es auch neue Aromastoffe auf. Erst nach der Filtration wird der Tennessee Whisky in Eichenfässern eingelagert. Zu diesem Zeitpunkt soll er bereits über einen deutlich höheren Reinheitsgrad verfügen, als es beispielsweise beim Bourbon der Fall ist.

Ole
Smoky
Tennessee
Moonshine
DISTILLERY

Entwicklungen und Perspektiven

Vor der Prohibition erfreute sich der Tennessee Whisky auch über die Grenzen des nordamerikanischen Bundesstaats hinaus großer Beliebtheit, und viele Brennereien hatten sich auf das aufwendige Herstellungsverfahren mit dem langwierigen Filtrationsprozess spezialisiert. Während der Prohibition mussten jedoch die meisten dieser Destillerien schließen. Mittlerweile produzieren nur noch zwei große und einige kleinere Brennereien Tennessee Whisky. Aufgrund der namhaften Hersteller Jack Daniel's und George Dickel sind die Prognosen allerdings als stabil zu bezeichnen und werden sich in den nächsten Jahren wohl weder zugunsten noch zuungunsten des Tennessee Whiskys verändern.

Canadian Whisky – erlesenes Handwerk

Canadian Whisky ist eine eigenständige Whiskysorte, die sich durch spezifische Eigenheiten auszeichnet. Vor allem legen kanadische Whiskyproduzenten viel Wert darauf, dass es sich bei ihren Kreationen um Blends handelt und dass hierbei das Geschick der Master Blender eine entscheidende Rolle spielt.

Experimente und Tradition

Canadian Whiskys sind typischerweise immer Blends, d. h., sie werden aus verschiedenen Whiskysorten zusammengestellt. Während es bei

Malts, Ryes oder Bourbons strenge Vorschriften gibt, an die sich die Hersteller halten müssen, müssen Canadians hinsichtlich der Zutaten keine besonderen Vorgaben einhalten. So kann bei der Herstellung Roggen, Mais, Weizen oder Gerste – hauptsächlich jedoch Roggen und Mais – verwendet werden, wobei sowohl gemälzte wie auch ungemälzte Zutaten erlaubt sind. Dazu kommen – ganz klassisch – Hefe und Wasser. Selbst Whiskys, die nicht aus Kanada stammen, können bei der Herstellung verwendet werden.
Die Master Blender kreieren hierbei vollaromatische Spirituosen mit einem ausgewogenen und harmonischen Geschmack. Während die klassischen Blends aus Schottland aus Malts und Grains hergestellt werden, benötigt man für die Produktion eines Canadians zunächst einen Grundbrand mit einem relativ neutralen Charakter. Dies ist der Tatsache geschuldet, dass er mit einem derart hohen Alkoholgehalt destilliert wird, dass Aromen und Geschmacksnuancen dabei ohnehin nur wenig zur Geltung kommen. Erst beim Verblenden kommen verschiedene Whiskys hinzu, die mehr Tiefe und Individualität beisteuern.

Feinheiten und Abstufungen

Bei einem Canadian müssen die Master Blender ganze Arbeit leisten, um qualitativ hochwertige Produkte herzustellen. Hierbei gehen sie ganz unterschiedlich vor, was sich jeweils auf Geschmack, Aroma und Preis der Spirituosen auswirkt. So kann das Verblenden entweder bereits vor der Lagerung in den Eichenfässern erfolgen oder erst nach der Reifezeit stattfinden. Beide Methoden haben ihre eigenen Vor- und Nachteile. Für gewöhnlich ist es kostspieliger, die Whiskys erst einzeln reifen zu lassen, zu verblenden und dann noch einmal reifen zu lassen. Generell reift ein Canadian jedoch nicht allzu lange im Eichenfass. Vorgeschrieben ist ein Minimum von drei Jahren. Zwar ist eine längere Reifezeit generell möglich, doch in der Regel wird die Spirituose nach maximal sechs Jahren zur Abfüllung gebracht. Sowohl neue als auch alte Eichenfässer sind bei der Herstellung erlaubt und auch der Alkoholgehalt des fertigen Whiskys kann variieren.

Entwicklungen und Perspektiven

Die kanadische Whiskytradition begann aufgrund der zahlreichen Einwanderer aus Europa bereits relativ früh. Der Canadian boomte jedoch erst richtig, als im Nachbarland USA die Prohibition aufkam, was den kanadischen Whisky zu einem Exportschlager machte. Auch heute noch sind die kanadischen Blends in den USA überaus beliebt. Dies haben sie u. a. der Tatsache zu verdanken, dass sie deutlich weicher als beispielsweise ein typischer American Rye schmecken und dennoch eine würzige Note besitzen. Da die Absatzzahlen auch weiterhin steigen und die neuen Kreationen der Master Blender eine starke Faszination ausüben, hat der Canadian positive Zukunftsperspektiven.

KLEINE GLÄSERKUNDE

Um einen Whisky angemessen genießen zu können, ist das richtige Glas von Bedeutung. Wer also plant, sich häufiger in die Welt des Whiskys zu begeben, sollte von Beginn an auf die richtigen Gläser setzen. Die folgende kleine Gläserkunde kann Ihnen dabei als Anhaltspunkt dienen.

Tumbler (1)

Der Tumbler ist ein typisches Glas für Longdrinks und erinnert in seiner Form an einen klassischen Becher. Lange galt er als optimales Glas für den Whiskygenuss, doch dies hat sich inzwischen als überholt erwiesen: Durch die große Öffnung des Glases verflüchtigen sich die meisten Aromen schon, bevor sie die Nase überhaupt erreichen.

Quaich (2)

Beim Quaich handelt es sich eher um ein traditionelles Trinkgefäß als um einen heute noch wesentlich verbreiteten Gläsertypus. Die Glasform geht auf die Kelten zurück und ähnelt einer Trinkschale. Heutzutage wird er meist aus Silber hergestellt. An beiden Seiten finden sich Griffe und bisweilen auch attraktive Verzierungen. Aus ähnlichen Gründen wie der Tumbler ist jedoch auch der Quaich nicht unbedingt für einen fachgerechten Whiskygenuss zu empfehlen.

Riedel-Glas

Das sogenannte Riedel-Glas wurde im ersten Drittel des 20. Jahrhunderts vom gleichnamigen Unternehmen entwickelt. Zwar handelt es sich hierbei um hochwertige Gläser, allerdings erreichen die Aromen durch die langen, geraden Wände auch hierbei nicht in idealer Konzentration die Geruchsrezeptoren in der Nase.

Copita (4)

Die Copita wurde ursprünglich entwickelt, um bei Sherryverkostungen die Wahrnehmung von Aromen und Geschmacksnoten zu verbessern. Dies hat sich auch in Bezug auf den Whisky bewährt. Die Glasform ist ein wenig bauchig in der Mitte und an der Öffnung verjüngt. So werden Geschmack und Geruch sehr gut zu den Rezeptoren transportiert. Die Copita verfügt außerdem über einen langen Stiel, wodurch die Spirituose nicht durch die Handwärme beeinflusst wird.

Glencairn-Glas (3)

Beim Glencairn-Glas handelt es sich um eine eher rustikale Abwandlung der Copita, die speziell auf Initiative der Whiskybranche entwickelt wurde. Es ist deutlich kleiner als die Copita und wirkt ein wenig gedrungener, da es auf einen langen Stiel verzichtet. Gleichzeitig verjüngt sich die Öffnung bei diesem Gläsertypus noch ein wenig stärker als bei der Copita, was dem Aromenspiel bei der Whiskyverkostung zugutekommt und eine sehr feine Beurteilung ermöglicht.

Glenmorangie-Glas

Das Glenmorangie-Glas erinnert optisch stark an die Copita, verfügt jedoch über ein zusätzliches Detail: einen gläsernen Deckel. Dieser kann zwischen zwei Schlucken auf das Glas gelegt werden und sorgt dafür, dass sich die kostbaren Aromen während dieser Zeit nicht verflüchtigen. Glenmorangie orientierte sich bei der Entwicklung stark an offiziellen Verkostungswettbewerben, denn auch dort werden die Whiskygläser zwischen zwei Schlucken stets abgedeckt.

GERUCHS- UND GESCHMACKSWELTEN

Whisky eröffnet Einsteigern, aber auch vielen Kennern, immer wieder einen neuen Zugang zu bislang unbekannten Geruchs- und Geschmackswelten. Um einen Whisky wirklich erleben zu können, müssen Sie sich jedoch zunächst einmal frei von jeglichen Vorschriften machen. Betrachten Sie die nachfolgenden Hinweise daher eher als Empfehlungen denn als Gebote und achten Sie beim Verkosten eines Whiskys vorrangig auf Ihre eigenen Vorlieben und Bedürfnisse.

Unverfälschtes Erlebnis

Wer in die Genusswelten des Whiskys eintauchen möchte, sollte dies möglichst unbeeinflusst tun. Dies betrifft nicht nur den Geist, sondern auch die Geschmacksnerven: Der Verzehr von scharfen oder stark knoblauchhaltigen Speisen kann diese blockieren und sollte deshalb im Idealfall möglichst nicht vor der Whiskyverkostung stattfinden. Dasselbe gilt für den Konsum von Zigaretten, Zigarren und anderen Rauchwaren.

Starke Duftquellen im Raum empfiehlt es sich vorab zu entfernen. Denn üppige Blumensträuße oder volle Aschenbecher auf dem Tisch vermögen durchaus, die Geschmacks- und Geruchsrezeptoren eines Erstverkosters zu verwirren.

Damit Ihre Geschmacksnerven durch die Verkostung nicht überreizt werden, sollten Sie stets ein Stückchen Weißbrot in der Nähe bereitlegen, um die Geschmacksmoleküle im Mund zu neutralisieren.

Der pure Genuss

Zudem sollten Sie den Whisky möglichst pur und natürlich belassen. Softdrinks oder kohlensäurehaltiges Mineralwasser können sowohl den Geschmack als auch den Geruch beeinflussen oder sogar vollständig überdecken. Auch die Zugabe von Eis empfiehlt sich nur bedingt, da hierdurch die Geschmacksnerven im Mundraum stark heruntergekühlt werden und weniger empfänglich für feine Aromen und Geschmacksnuancen sind.

Ein Schluck Wasser hingegen kann selbst einem hochwertigen Whisky nicht schaden, vorausgesetzt, dass die Wasserqualität überzeugend ist. Ein zu hoher Mineralienanteil, der den Geschmack des Wassers beeinflusst, zu viel Kalk oder gar gechlortes Wasser sorgen hingegen dafür, dass die Geschmacksnerven den Whisky nicht mehr exakt charakterisieren können. Wer die Intensität des Whiskys mit einem Spritzer Wasser etwas dämpfen möchte, sollte außerdem auf das richtige Mengenverhältnis achten: Viele Experten verwenden dabei Pipetten, die eine tropfengenaue Wasserzugabe ermöglichen. Für Einsteiger und Gelegenheitsgenießer ist ein solch dezidiertes Vorgehen jedoch nicht notwendig.

Wichtige Temperatur

Bei der Vorbereitung auf eine Verkostung von hochwertigem Single Malt, Pure Pot Still oder Bourbon gibt es jedoch noch weitere Faktoren, die das Geschmackserlebnis beeinträchtigen können, jedoch meist nicht von vornherein offensichtlich sind. So sollte der Whisky für eine genussgerechte Verkostung immer Zimmertemperatur aufweisen. Die optimale Genusstemperatur für einen hochwertigen Whisky liegt zwischen 18 und 22 °C. Erst bei diesen Temperaturen können sich die Aromen und Geschmacksnuancen am besten entfalten. Auch die Handwärme, die beim Halten des Whiskyglases übertragen wird, kann Einfluss auf das Aromenspektrum bzw. dessen Wahrnehmung haben. So gibt erwärmter Whisky typischerweise einen breiteren und eindringlicheren Alkoholgeschmack preis. Deshalb stellen echte Kenner ihr Glas immer gleich wieder ab, nachdem sie einen Schluck daraus genommen haben, oder halten das Glas nur am Stiel.

Das richtige Glas

Zu den wichtigsten Vorbereitungen im Zusammenhang mit einer Whiskyverkostung gehören vor allem die richtigen Gläser. So hat die Form des Glases einen entscheidenden Einfluss auf Geschmack und Duft. Ein guter Whisky muss atmen können, damit er seine Aromen und Geschmacksnuancen frei entfalten kann. Gleichzeitig darf das Aroma, das der Whisky während seiner Reifung gewonnen hat, im Glas nicht verloren gehen. Hier eine optimale Balance zu finden ist nicht ganz leicht, und wer nicht auf die Anschaffung hochpreisiger Whiskygläser setzen möchte, hat es mitunter schwer, das richtige Glas zu finden. Prinzipiell empfehlen sich jedoch Gläser, deren Öffnung sich nach oben hin verjüngt. So hat der edle Tropfen genügend Platz, um sich angemessen zu entfalten, gleichzeitig gehen die Aromen nicht über eine zu große Öffnung verloren.

Zahlreiche Facetten des Whiskyerlebens

Whisky ist ein Getränk, das lediglich Banausen in einem Zug herunterschlucken. Zwar ist eine professionelle Verkostung nicht immer notwendig, um die zahlreichen Attribute des Branntweins kennenzulernen, wer sich jedoch ernsthaft mit der Materie auseinandersetzt, wird feststellen, dass ein Whisky sowohl mit Nase und Mund als auch mit den Augen erlebt werden kann.

Das Farbspiel

Bevor Sie das Whiskyglas zum Mund führen, sollten Sie sich einen Augenblick Zeit nehmen und das Farbspiel der exklusiven Spirituose betrachten: Wie verhält sich der Farbton im Glas? Ist der Whisky eher dunkel wie edles Mahagoni oder hell und goldfarben? Die Farbe lässt erste Anzeichen auf die Herkunft des Whiskys erkennen und wird von Experten auf die Beschaffenheit der Fässer zurückgeführt: Je dunkler der Whisky, desto tanninhaltiger die Eichenfässer, in denen er gelagert wurde. Tannine sind Gerbstoffe, die dem Whisky eine kräftige, raue, zusammenziehende Note verleihen.
Ein weiteres Charakteristikum, das sich beim Whisky mit bloßem Auge erkennen lässt, ist die Beschaffenheit seines Körpers. Hiermit ist im Wesentlichen die Struktur der Spirituose gemeint, deren Spektrum von leicht bis voll reichen kann und entgegen der allgemeinen Auffassung nichts mit dem Alkoholgehalt zu tun hat. Es empfiehlt sich, den Whisky ein wenig im Glas zu schwenken, um etwas über seinen Körper zu erfahren: Fließt der Whisky sehr schnell und hinterlässt er nur dünne, schmale Spuren am Glas, kann er als leicht oder sehr leicht bezeichnet werden. Bilden sich hingegen dicke, ölig scheinende Spuren am Glas, die an gefärbte Kirchenfenster erinnern, handelt es sich um eine deutlich vollere Sorte. In der Fachsprache

Für Glasspezialisten

Verschiedene Glashersteller sowie einige Brennereien konzentrieren sich bereits seit Längerem darauf, speziell für die Whiskyverkostung entwickelte Gläser anzubieten. Diese sollen entweder den Geruch oder den Geschmack des edlen Tropfens besonders zur Geltung bringen. Die Preise für derartige Gläser schwanken in Abhängigkeit von verschiedenen Faktoren wie Größe, Form oder Massivität. Oftmals sind spezielle Verkostungsgläser mit dem Schriftzug einer Destillerie versehen und sind dann preislich günstiger.

Einfluss auf Aroma und Geschmack

Die Vielfalt der Aroma- und Geschmacksnuancen des Whiskys ist legendär. Von zitrischen und exotischen Fruchtkomponenten bis hin zu duftenden Blüten, Mundwasser oder Sahne lassen sich – je nach Einflussfaktoren bei der Herstellung (siehe Seite 54f) – zahlreiche unterschiedliche Eindrücke feststellen. Echte Kenner verkosten einen Whisky deshalb oftmals gänzlich blind und ohne Wissen über die betreffende Brennerei. So können Sie die Aromen völlig unbeeinflusst auf sich wirken lassen, ohne dabei von Farbe oder Standort der Destillerie Rückschlüsse auf Geschmack und Aroma des Whiskys zu ziehen.

werden die am Glas hinablaufenden Gebilde auch als „Legs“ bezeichnet. Je voller der Körper eines Whiskys ist, desto cremiger wird er sich auch im Mund anfühlen.

Das Aromenspektrum

Es gibt zahlreiche Fachleute, die einen Whisky einzig und allein anhand seines Geruchs benennen, beschreiben und bewerten können. Gesprochen wird in diesem Zusammenhang oft von „Nosing“. Whisky ist eine der wenigen hochprozentigen Spirituosen, bei denen die Aromen derart vielseitig und trotzdem klar bestimmbar sein können.

Wenn Whiskyeinsteiger zum ersten Mal einen Whisky „erriechen“ möchten, sollten sie nicht davon ausgehen, dass sich ihnen sofort alle in ihm verborgenen Aromen eröffnen. Stattdessen benötigt es intensives Training, um alle feinen Nuancen wahrnehmen zu können. Doch einige grundlegende Eigenschaften und Charakteristika sollten sich auch einer untrainierten Nase offenbaren.

Damit der Whisky seine Aromen freigibt, wird er ein wenig im Glas geschwenkt. Achten Sie darauf, die Nase nicht von Beginn an zu nah am Glas zu halten, da Sie ansonsten lediglich eine starke Alkoholnote wahrnehmen. Konzentrieren Sie sich anschließend auf einen Grundeindruck und versuchen Sie festzustellen, ob der Whisky eher weich oder kratzig riecht, ob er ein süßlich-warmes oder eher ein erfrischendes oder gar kühles Aroma verströmt. Erst danach geht es an die tiefergehende Wahrnehmung einzelner Komponenten. Seien Sie jedoch nicht frustriert, wenn ein Whisky seine Geheimnisse nicht gleich beim ersten Mal preisgibt. Es gehört zu seiner Natur, sich bisweilen durchaus auch ein wenig zu zieren (siehe Seite 54f).

Das Geschmacksspiel

Wenn es um die Verkostung eines Whiskys geht, gehören Geruch und Geschmack in der Regel zusammen. Viele der einzigartigen Aromen können sich erst dann ganz entfalten, wenn der Whisky auf die Geschmacksrezeptoren im Mund trifft. In diesem Zusammenhang rückt auch der Körper bzw. die Struktur des Whiskys in den Fokus: Wie fühlt sich der edle Tropfen im Mund an? Ist er eher cremig und schwer oder vielleicht trocken und rau?
Geschmacklich lässt sich ein Whisky zunächst am besten ganz grob charakterisieren: bitter, sauer, salzig und süß sind die Hauptkomponenten, die sich auch von Laien problemlos erkennen lassen. Etwas schwieriger wird es dann beim Beschreiben des Zusammenspiels oder der Balance zwischen den einzelnen Geschmackskomponenten, das bei der Verkostung („Tasting") jedoch eine wichtige Rolle spielt. Hier empfiehlt es sich, den Whisky einen Augenblick im Mund zu behalten und ihn am Gaumen kreisen zu lassen, damit er auf sämtliche Geschmacksrezeptoren wirken kann. Danach wird der Nachklang, das sogenannte „Finish", bewertet. Je länger ein Whisky nach dem Herunterschlucken noch zu schmecken oder zu fühlen ist, desto intensiver ist das Finish.
In der Regel empfiehlt es sich, nach dem ersten geschmacklichen Eindruck einen kleinen Schluck Wasser ins Glas zu geben und den Whisky anschließend noch einmal zu verkosten. Einerseits verändert das Wasser das Geschmacksspiel und andererseits bereitet es den Gaumen auf den kommenden Geschmack vor. Beim zweiten Schluck eröffnen sich dadurch meist noch einmal ganz neue Seiten, die zuvor verborgen geblieben sind. Wer will, kann sich auch Stift und Notizblock zurechtlegen, um seine Eindrücke bei der Whiskyverkostung festzuhalten.

REICHTUM DER AROMEN

Wer einen Whisky verkosten möchte, wird schnell feststellen, dass die Spirituose sich hinsichtlich ihrer Aromen überaus vielseitig präsentiert. Oder hätten Sie im Vorhinein gedacht, dass ein Branntwein nach Gras, kandierten Früchten oder gekochtem Gemüse riechen kann?

Das Getreide

Das Getreide ist eine der wichtigsten Zutaten bei der Whiskyherstellung und entscheidet in hohem Maße über dessen späteres Aromen- und Geschmacksspektrum. Gerste, Weizen, Roggen oder Mais weisen jeweils unterschiedliche Charakteristika auf, die sich im späteren Whisky wiederfinden können. So kann Roggen beispielsweise eine minzige Note mit sich bringen, während Mais eher einen cremigen Charakter erzeugt. Je nach verwendetem Getreide kann das Aroma auch an Müsli, Haferkekse oder Leder erinnern.

Das Wasser

Ebenso wie Getreide gehört auch Wasser zu den essenziellen Zutaten. Doch Wasser ist nicht gleich Wasser, denn sowohl die Zusammensetzung der lebensspendenden Flüssigkeit als auch das Gestein, durch das es geflossen ist, haben eine nachhaltige Wirkung darauf, wie der Whisky letztendlich schmeckt. Auch die Struktur, sprich der Körper, wird durch die Qualität des Wassers beeinflusst. Kalkige Geschmacks- und Aromanuancen können an dieser Stelle ebenso entstehen wie blumige Komponenten, wenn das Wasser etwa durch eine Heidelandschaft geflossen ist. Die daraus gewonnenen Whiskys erinnern deshalb bisweilen an Lavendel, Rosen, Gras, Heidekraut oder Veilchen.

Der Torf

Wenn Wasser durch moorige Gebiete fließt, nimmt es ein torfiges Aroma an, was sich später auch auf den Whisky auswirken kann. In der Regel sind es jedoch die Torffeuer, die beim Darren des Malzes (siehe Seite 22) verwendet werden, die torfige und meist auch sehr starke Aromen in den Whisky übertragen. Viele empfinden rauchige Whiskys als sehr würzig und geschmacks- sowie aromaintensiv. Die Spirituose kann Assoziationen an Räucherfleisch, verbranntes Holz, Teer, Torf und Tabak wecken.

Die Gärung

Je nachdem, wie lange ein Whisky reift und gärt und welchen Bedingungen er dabei ausgesetzt ist, kann er sehr unterschiedliche Charakteristika annehmen. Viele Neulinge, die sich bislang noch nicht näher mit den unterschiedlichen Whiskysorten beschäftigt haben, würden in einem Whisky vermutlich keine fruchtigen Aromen erwarten, da bei der Herstellung kein Obst verwendet werden darf. Dennoch finden sich häufig Geschmacksnuancen von Äpfeln, Birnen, Pflaumen, Feigen oder gar exotischen Früchten wie Ananas oder Banane in den edlen Branntweinen. Diese sind u. a. darauf zurückzuführen, wie lange der gemeinsame Gärprozess von Würze und Hefe dauert und bei welchen Temperaturen dies geschieht.

Das Lagerhaus

Auch die Lagerungsbedingungen können die spätere Aromawelt des Whiskys entscheidend beeinflussen. Die Luft im Lagerhaus kann beispielsweise von Seewind, Feuchtigkeit und anderen Einflussfaktoren geprägt sein. So können etwa salzige Aromen, die an Algen oder Meerwasser erinnern, die Geschmacksvielfalt des lagernden Whiskys ergänzen und bereichern.

Die Holzfässer

Sehr wichtig für den Charakter eines Whiskys ist das Fass, in dem er reift. Je nachdem, aus welchem Holz es gefertigt wurde, ob es neu oder schon seit Jahren in Gebrauch ist und ob in ihm zuvor schon eine andere Spirituose gelagert hat oder nicht, entwickeln sich während der jahrelangen Reifung die vielfältigen Nuancen des Whiskys. Dabei entfalten sich oftmals süße Aromen wie Karamell, Zimt, Kokos, Vanille oder Zuckerwatte. Aber auch aromatische Anklänge an andere Spirituosen wie Sherry oder Wein lassen sich immer wieder wahrnehmen. Parallel dazu können Holzfässer aber auch die typisch holzigen Noten an die Spirituose abgeben: Sandelholz, Zedernholz, Kiefer oder Eiche sind hierbei ganz besonders markant und typisch.

Andere Nuancen

Bisweilen können sogar ölige, schwefelige und medizinische Komponenten in einem Whisky zum Ausdruck kommen. Während der ölige Charakter mit seinen Nuancen von Butter oder Sahne noch angenehm wirkt, sind Gummi, Streichhölzer, Pflaster oder Antiseptika Aromacharakteristika, die eher etwas für Liebhaber denn für Erstkoster sind.

DIE WHISKYNATIONEN DIESER WELT

Aufgrund der weltweit hohen Popularität von Whisky verwundert es kaum, dass er mittlerweile in vielen Teilen dieser Erde hergestellt wird. Viele Länder wie beispielsweise Schottland, Irland und die USA gelten bei Kennern als traditionelle Herkunftsländer des Whiskys, doch auch aus Japan, Schweden oder Indien können Sie mittlerweile hochwertigen Whisky erstehen, der seinen Verwandten aus den klassischen Erzeugerländern in nichts nachsteht.

Schottland

Viele Laien gehen davon aus, dass der Whisky in Schottland erfunden wurde und von dort seinen Siegeszug rund um den Globus antrat. Tatsächlich besitzt Schottland jedoch nur die älteste Quelle, die die Whiskyherstellung im auslaufenden 15. Jahrhundert belegt (siehe Seite 80). In der Folgezeit hat der schottische Whisky sowohl Schwierigkeiten wie etwa hohe Steuern auf die Produktion erlebt als auch Positives wie die Erfindung immer neuer und raffinierterer Methoden, mit denen sich die aus Getreide gebrannte Spirituose weiterentwickeln ließ. Heute gibt es in Schottland vornehmlich vier Regionen, die mit der Herstellung von Malts und Blends untrennbar verbunden sind. Rund 100 verschiedene Brennereien haben in diesen Gebieten die Wirrungen der Geschichte überstanden, wobei viele dieser Destillerien sich mittlerweile in den Händen großer Konzerne befinden.

Die Highlands

Für viele gelten die schottischen Highlands als Ursprung aller modernen Whiskysorten, und auch heute noch sind in diesem Gebiet rund 20 verschiedene Brennereien aktiv. Das Gebiet der Highlands nimmt den größten Teil des schottischen Festlands ein und präsentiert sich dementsprechend landschaftlich alles andere als einheitlich. Berge, Seen, Wälder, Schluchten und Moorgebiete wechseln sich ab, und je nachdem, wo sich eine Brennerei im Laufe der Jahre angesiedelt hat, lassen sich die verschiedenen Einflüsse auch im späteren Produkt wiedererkennen. Die Whiskys aus den Highlands lassen sich folglich nicht durch einen gemeinsamen Stil kennzeichnen und bieten Genießern – sowohl was Single Malts als was auch Blends angeht – eine große Vielfalt.

Speyside

Auch wenn die Highlands in der Geschichte des schottischen Whiskys wesentlich prominenter sind, ist es heutzutage in erster Linie die Region Speyside, die einen Großteil des internationalen Ruhms einheimst. Hier sind auch heute noch zahlreiche Destillerien versammelt, die sich durch hervorragende und überaus komplexe

Whiskys auszeichnen. Dabei sind die einzelnen Abfüllungen keineswegs als homogen zu betrachten, denn ähnlich wie in den Highlands ist das Spektrum der Spirituosen auch in Speyside überaus facettenreich. Das mag u. a. daran liegen, dass die Standortbedingungen in Speyside praktisch alles liefern, was für die Herstellung von Whisky benötigt wird: Torf, Gerste sowie außergewöhnlich klares und reines Wasser. Mehr als die Hälfte aller schottischen Destillerien, die hochwertige Malts herstellen, befinden sich deshalb noch immer in der Region, die bisweilen auch als „Goldenes Dreieck" bekannt geworden ist.

Die Inseln

Wenn es um die Whiskys der schottischen Inseln geht, dann denken viele Kenner zunächst an einen torfigen und bisweilen auch medizinischen Charakter, der vielen Spirituosen, die auf Islay, Orkney und Co. hergestellt werden, gemeinhin innewohnt.
Die Inseln im Westen und Norden Schottlands hatten es schon immer schwer, wenn es um die Herstellung hochwertigen Whiskys ging: Die Abgeschiedenheit vom Festland machten sowohl den Einkauf von Zutaten als auch den Verkauf der hergestellten Spirituosen kompliziert und kostenaufwendig.
Die wenigen Destillerien, die sich heute noch auf den Inseln befinden, sind jedoch nicht nur alteingesessen, sondern auch über alle geografischen Grenzen hinweg fest etabliert. Überdies scheinen die schottischen Inseln an Popularität noch zuzunehmen, glaubt man den immer wieder in regelmäßigen Abständen aufkommenden Gerüchten über neue Destillerien, die dort gegründet werden sollen.

Die Lowlands und Campbeltown

Früher galt vor allem Campbeltown als absoluter Mittelpunkt der schottischen Whiskyherstellung. Die Stadt beheimatete eine Reihe von Destillerien, die um die Gunst der Genießer wetteiferten. Heute gibt es in Campbeltown nur noch drei Brennereien, die das Erbe der Region jedoch mit viel Ehrgeiz und Können hochzuhalten wissen. Auch die als Lowlands bekannten südlichen Teile des schottischen Festlands können bezüglich der Anzahl der hier ansässigen Destillerien inzwischen nicht mehr an frühere Tage anknüpfen. Dennoch stehen die in Campbeltown und in den Lowlands produzierten Whiskys ihren inländischen Konkurrenten in nichts nach. Während sich die Sorten aus Campbeltown meist etwas würziger und torfiger präsentieren, sind die Whiskys aus den

Lowlands eher etwas milder und weisen bisweilen sogar eine dezent blumige Note auf.

Irland

Auch wenn die letzten schriftlichen Beweise fehlen, gehen viele Experten davon aus, dass es die Iren waren, die Gerste, Wasser und Hefe zum ersten Mal in echten Whisky verwandelten. Doch die irische Whiskykunst geriet im Lauf der Geschichte in eine Krise, aus der sie sich erst in den letzten Jahren vollends befreien konnte. Mittlerweile befinden sich die irischen Whiskys wieder auf dem Vormarsch, und zahlreiche Investitionen großer Konzerne lassen das Geschäft vor allem mit neuen, aufregenden Kreationen erblühen.

Krise der irischen Whiskyherstellung

Bekannt für seine üppigen Getreidefelder, war das Ursprungsland des Whiskys seit jeher für wie Pilze aus dem Boden schießende Destillerien und einen florierenden Whiskyhandel prädestiniert. Durch die später von der Regierung auferlegten Steuern sank jedoch die heimische Whiskyproduktion immer stärker, und eine Destillerie nach der anderen schloss ihre Pforten. Als dann auch noch die amerikanische Prohibition einen der vormals für die Iren wichtigsten Absatzmärkte blockierte, war dies das endgültige Ende der meisten irischen Brennereien. Dies zog auch den Abstieg der eigenen Brennkultur nach sich. Der Pure Pot Still Whisky (siehe Seite 35ff), der die Iren einstmals bekannt gemacht hatte, geriet immer mehr in Vergessenheit und die Blends schwappten langsam, aber sicher aus Schottland nach Irland über.

Neuer Aufschwung

Erst in den letzten drei Jahrzehnten scheinen sich die irischen Brennereien mehr auf ihre einstigen Wurzeln zu konzentrieren und schwingen sich wieder zu Höchstleistungen auf. Zwar gibt es immer noch so wenige Brennereien, dass sie sich beinahe an zwei Händen abzählen lassen, und alle davon befinden sich in den Händen weniger großer Unternehmen, doch die Tendenzen für die Zukunft sind unbedingt als positiv einzustufen. Der komplexe und in der Regel komplett ungetorfte irische Whisky ist längst nicht mehr aus den Sammlungen von Kennern und Liebhabern rund um den Globus wegzudenken und auch viele Einsteiger fühlen sich bei den irischen Whiskys gut aufgehoben.

Andere europäische Länder

Europäische Whiskys, die weder aus Schottland noch aus Irland kommen, sind in den Regalen der hiesigen Supermärkte und selbst im Spirituosenfachhandel nur selten zu finden. Dies liegt insbesondere an der Tatsache, dass die Destillerien, die beispielsweise in Schweden, Finnland, Frankreich oder Deutschland sesshaft sind, nur für ihr eigenes Land und auch nur in sehr geringen Mengen produzieren. Häufig kommt es vor, dass einzelne Produkte binnen weniger Tage ausverkauft sind, weil die eingefleischten Fans sich durch Vorbestellungen gleich mehrere Flaschen sichern.

Europäischer Whisky hat auch außerhalb der klassischen Whiskyländer eine durchaus lange Tradition, wird allerdings erst in den letzten Jahren immer populärer. Zwar kommen die meisten Destillate aus den übrigen europäischen Ländern nicht an die Komplexität der erfolgreichen schottischen Single Malts heran, doch hinsichtlich der Fässerwahl sind viele andere Länder weitaus weniger limitiert. Französische Whiskys etwa reifen nicht selten in alten Weinfässern und erhalten hierdurch eine deutlich fruchtige und sehr besondere Note, die Kenner sich nicht entgehen lassen. Hingegen haben sich viele aus den nördlichen Ländern wie Schweden, Finnland oder aus Dänemark stammende Whiskys eher eine etwas raue und wilde Note bewahrt, die ebenfalls zu begeistern vermag.

Die kuriosen Alkoholgesetze der USA

Auch wenn die Prohibition schon lange Vergangenheit ist, gibt es noch immer einige Gegenden, in denen der Genuss, der Verkauf oder der Transport von Alkohol verboten ist. Die Rede ist von den sogenannten Dry Countys bzw. – je nach Strenge der Gesetze – Semi Dry Countys. Auch Lynchburg, wo der berühmte Jack Daniel's Tennessee Whisky hergestellt wird, ist offiziell eine „trockene" Stadt, in der Verkauf und Ausschank von Alkohol untersagt sind. Eine außerordentliche Lizenz erlaubt jedoch eine Ausnahme: In der zugehörigen Destillerie dürfen Touristen den Whisky direkt vor Ort erwerben.

Die USA

Amerikanischer Whisky ist hierzulande nicht nur berühmt, sondern vor allem auch beliebt. Die großen Bourbons und Tennessee Whiskys kommen von hier und haben sich schon vor mehreren Jahrzehnten über den gesamten Erdball verbreitet. Einige von ihnen gehören zu den populärsten und umsatzstärksten Whiskys überhaupt und begeistern selbst Laien, die sonst nur wenig von dieser besonderen Spirituose halten.

Anfänge der Whiskykultur

Ursprünglich hielt sich die Whiskybegeisterung der amerikanischen Immigranten in Grenzen: In den vielen Bundesstaaten waren Gin und Genever zunächst deutlich populärer. Erst als immer mehr Schotten und Iren auf den neuen Kontinent auswanderten, nahm die Whiskybrennerei mehr und mehr an Popularität zu. Aber nicht nur die generellen Alkoholvorlieben der Amerikaner haben sich gewandelt, auch die regionale Verteilung der Destillerien: Während die Whiskyherstellung damals insbesondere in Pennsylvania und Maryland boomte, ist in diesen Staaten heutzutage kaum noch eine nennenswerte aktive Brennerei zu finden. Auch die Qualität der Whiskys hat sich im Lauf der Geschichte verändert. So hatten die in den USA hergestellten Whiskys zu der Zeit, zu der in Kentucky der Bourbon und in Tennessee der gleichnamige Whisky geboren wurde, nur wenig mit heutigen Erzeugnissen zu tun. Erst nach und nach wurden die Rezepte für Bourbon, Rye und Tennessee verfeinert bzw. durch Vorschriften bei der Herstellung reglementiert. So bürgerte sich mit der Zeit ein Qualitätsstandard ein, der sich auch heute noch sehen lassen kann.

Prohibition und Traditionsverlust

Die Prohibition setzte im amerikanischen Bundesstaat Tennessee bereits im Jahr 1910 ein und sollte mehr als 20 Jahre dauern. Nach und nach weitete sich das Alkoholverbot auf immer mehr Staaten aus, und die Brennereien litten unter schwindenden Absatzzahlen. Schon früh mussten die kleineren und mittelgroßen Destillerien schließen, und vor allem der Rye Whisky war vom Aussterben bedroht. Hinzu kam die Tatsache, dass Spirituosen während der Prohibition eher aus anderen Ländern importiert wurden. Besonders kanadischer Whisky war zu dieser Zeit überaus beliebt und schaffte es, nicht nur den Rye, sondern in weiten Teilen auch den Tennessee Whisky zu verdrängen. Auch heute noch findet man beide Sorten immer seltener, wobei jedoch Jack Daniel's als klassischer Tennessee Whisky wohl zu den bekanntesten Marken überhaupt zählt (siehe Seite 71). Wenn auch die traditionsreichen große Brennereien in den USA heute rar sind, lässt sich in einigen Gebieten ein neuer Trend beobachten: Einige kleinere Destillerien machen sich langsam, aber sicher bereit, den Markt mit ihren Neukreationen und experimentellen Rezepten zu erobern.

Kanada

Kanada gehört heute in puncto Whiskyherstellung zu den größten und wichtigsten Nationen. Teilweise liegen zwischen den einzelnen Destillerien derart große Entfernungen, dass von zusammenhängenden Traditionen oder einem gemeinsamen Stil von vornherein nicht gesprochen werden kann.
Während die amerikanische Prohibition in den USA dafür sorgte, dass eine Brennerei nach der anderen ihre Tore schließen musste, sorgten die politischen und gesellschaftlichen Veränderungen der Nachbarn in Kanada für das genaue Gegenteil. Die aktiven Whiskyhersteller in Kanada erkannten schnell das Potenzial und begannen mit einem ausgedehnten Export der eigenen Produkte. Dies führte dazu, dass sich die Gaumen der US-Amerikaner immer stärker an die kanadischen Blends gewöhnten. Mittlerweile wird kanadischer Whisky in den USA um ein Vielfaches häufiger verkauft als klassische amerikanische Whiskys. Einige große kanadische Destillerien produzieren ihre Spirituosen sogar eigens für den amerikanischen Markt und stellen Blends her, die sich dort besonders gut verkaufen lassen. Doch auch im eigenen Land ist Whisky aus Kanada sehr beliebt, was sich u. a. auch auf die kunstvolle Herstellung zurückführen lässt (siehe Seite 44f).

Japan

Japanische Erzeugnisse haben sich fest in der Whiskylandschaft etabliert, was vor allem in Hinblick auf die hohen und stetig steigen-

den Absatzzahlen gilt. Wenn auch gerade die Liebhaber der traditionellen schottischen und irischen Whiskys sich mitunter ein wenig dagegen sträuben, japanische Produkte auch nur zu probieren, steht die noch junge japanische Whiskykultur der europäischen in nichts nach und die hier produzierten Whiskys wissen in puncto Qualität und Individualität absolut zu überzeugen.
Als sich in den 1920er-Jahren der japanische Spirituosenimporteur Torii mit dem in Schottland ausgebildeten Brenner Taketsuru zusammenschloss, war von vornherein klar, dass hier Whisky auf hohem Niveau produziert werden sollte. Mittlerweile sind aus dieser Kooperation zwei der weltweit größten Whiskyunternehmen hervorgegangen: Suntory und Nikka. Beide unterhalten mehrere Destillerien im eigenen Land, konzentrieren sich jedoch längst nicht mehr nur auf den japanischen Markt. Obwohl es sich in Japan um eine noch recht junge Herstellungstradition handelt, sind japanische Whiskys qualitativ hochwertig und zeugen von einer großen technischen Finesse bei der Herstellung. Japanische Whiskys werden von vielen Experten als besonders raffiniert, elegant und rein beschrieben. Dabei gibt es auch in Japan die klassisch-würzigen und stark torfigen Whiskys, die an die schottischen Klassewhiskys erinnern. Gerade im Norden der japanischen Insel Hokkaido werden z. B. sehr schwere Whiskys erzeugt. Der Großteil der japanischen Whiskys ist jedoch eher blumig, zart und vor allem sehr leicht. Vergleiche der japanischen Single Malts mit den schottischen oder irischen sind grundsätzlich schwierig. Fakt ist, dass Japan im weltweiten Vergleich in puncto Whiskykonsum mit an der Spitze steht und dass die japanischen Whiskys deshalb vom Weltmarkt nicht mehr wegzudenken sind.

Australien

Oftmals geht man davon aus, dass Australien für die Herstellung hochwertigen Whiskys keine idealen Voraussetzungen bietet: Viele Kritiker bezeichnen das Klima schlichtweg als zu warm. Jedoch haben in den letzten Jahren gleich mehrere Destillerien gezeigt, dass sich der Temperaturfaktor relativ leicht in den Griff bekommen lässt, indem sie ihren Sitz statt im warmen bis heißen Landesinneren in Küstennähe oder auf der Insel Tasmanien bezogen. Dort finden sich geradezu ideale Bedingungen – mit golden blühendem Getreide und wunderbar klarem und sauberem Wasser, das für die Produktion des australischen Malt Whiskys essenziell ist.
Neben dem optimalen Standort sind es aber auch die unternehmerischen Voraussetzungen, die in der australischen Whiskykultur eine wichtige Rolle spielen.
Zwar wird in Australien schon seit der Kolonialzeit Whisky hergestellt, hierbei handelte es sich aber häufig um Produkte, denen keine lange Lebensdauer beschert war. Schließlich konnten die großen schottischen und irischen Vorbilder nahezu mühelos importiert werden. Erst in den letzten Jahren haben sich die Whiskyhersteller Australiens ins rechte Licht gerückt und bemühen sich vermehrt um Aufmerksamkeit für ihre Produkte. Allerdings wird heutzutage eher weniger für den europäischen als vielmehr für den rasch wachsenden asiatischen Markt produziert. Insbesondere Indien hat sich als dankbarer Abnehmer der australischen Malts und Single Malts erwiesen. Diese orientieren sich klar an den europäischen Vorbildern, sind aber dennoch als eigenständig zu erkennen.

響
HIBIKI
SUNTORY WHISKY
JAPANESE HARMONY

BEKANNTE BRENNEREIEN

Es würde zu weit führen, an dieser Stelle alle in Betrieb befindlichen Brennereien mit all ihren Produkten vorzustellen. Im Folgenden erhalten Sie daher lediglich einen kleinen Überblick über die derzeit wichtigsten und erlesensten Whiskybrennereien der Welt. Teils können Ihnen die Beschreibungen Inspiration bei Ihrem nächsten Kauf oder der nächsten Bestellung liefern, teils sind es einfach nur die interessanten Geschichten hinter den Destillerien, die einer Erwähnung wert sind.

Schottische Brennereien

Die schottischen Whiskybrennereien haben sich im Lauf der Jahre stark verändert und sind heute längst nicht mehr nur die traditionellen Familienbetriebe, die sie einmal waren. Doch auch wenn mittlerweile in vielen Fällen große Spirituosenkonzerne hinter den Destillerien stecken, sind Qualität und Leidenschaft, die die schottischen Whiskys prägen, noch immer in jeder einzelnen Flasche zu spüren. Aufgrund der großen Anzahl an Destillerien, die in den verschiedenen Regionen dieses Landes existiert, erhalten die schottischen Brennereien auch in diesem Kapitel eine prominente Stellung.

Cardhu

Cardhu ist eine Brennerei in Speyside und wurde offiziell bereits im Jahr 1824 gegründet. Der Gründer war ein verurteilter Schwarzbrenner namens Cumming, der sich gemeinsam mit seiner Frau Helen auf einer Farm niederließ und dort mit dem Brennen seines eigenen Whiskys begann. Die Tatsache, dass es dem Ehepaar Cumming gelang, eine der ersten Lizenzen für die legale Whiskyherstellung zu erwerben, dürfte ebenso zum Erfolg der Brennerei beigetragen haben wie das unternehmerische Engagement der weiblichen Familienmitglieder im Laufe der Betriebshistorie.
Heute gehört Cardhu zum global operierenden Getränkehersteller Diageo und produziert den wichtigsten Bestandteil für den weltweit beliebtesten Blended Whisky Johnnie Walker. Doch auch hochwertige Single Malts finden sich im Sortiment.

Glenfiddich

Glenfiddich produziert die beliebtesten Single Malts der Welt und gilt für viele als Einsteigermarke. Schon allein deshalb hat sie unter selbst ernannten Experten oftmals einen schlechten Stand. Doch wer sich von solchen Vorurteilen blenden lässt, verpasst einen Whisky, der sich seinen guten Ruf zu Recht verdient hat.
Whisky und Brennerei tragen denselben Namen, der übersetzt „Tal der Hirsche“ bedeutet. Daher ziert die Etiketten der Flaschen auch stets ein stilisierter Hirsch. Glenfiddich stammt aus der schottischen Region Speyside. Als Teil

des Unternehmens William Grant & Sons Ltd. ist die Brennerei eine der wenigen Destillerien in Schottland, die sich immer noch im Familienbesitz befinden. William Grant & Sons Ltd. wiederum zeichnete sich schon immer durch ein konsequentes Marketing aus. Glenfiddich war somit auch eine der ersten Destillerien, die ihre Tore für Besucher öffnete.

The Dalmore

Die Whiskys der in den Highlands angesiedelten Brennerei Dalmore sind bei Kennern in höchstem Maße geschätzt und erzielen Preise, von denen andere Destillerien nur träumen können. Einzelne Abfüllungen werden bisweilen für mehr als 100.000 britische Pfund (etwa 135.330 Euro) verkauft und finden Käufer und Liebhaber in der ganzen Welt. Hierbei handelt es sich meist um Malts, die teilweise bis zu 64 Jahre Reifezeit hinter sich haben. Daneben gibt es aber auch jüngere Malts aus dem Hause Dalmore, die bei Kennern und Genießern ebenfalls sehr geschätzt sind. Dies mag vor allem auf die leicht süßliche Note zurückzuführen sein, die der Dalmore aufgrund einer abschließenden Reifephase im Sherryfass erhält. Gegründet wurde die Destillerie im Jahr 1839 von einem Opiumhändler namens Matheson. Mittlerweile befindet sich Dalmore im Besitz des schottischen Spirituosenvertriebs Whyte & Mackay Ltd., der wiederum zum philippinischen Unternehmen Emperador Inc. gehört.

Irische Brennereien

Die irischen Brennereien haben es in diesem Jahrhundert nicht leicht gehabt (siehe Seite 60). Doch davon haben sich die Brennmeister von der grünen Insel nicht unterkriegen lassen, und der hier hergestellte Whisky feiert derzeit eine Art Revival. Auch die irischen Destillerien blicken daher positiv in die Zukunft.

Jameson

Die Brennerei Jameson stand schon immer sinnbildlich für typisch irische Whiskys und hat sich seit ihrer Gründung in der zweiten Hälfte des 18. Jahrhunderts um die Produktion hochwertiger Pure Pot Stills sowie hieraus hergestellter Blends verdient gemacht. Mittlerweile ist Jameson der berühmteste der irischen Whiskys und befindet sich in der Hand von Irish Distillers, einer Tochtergesellschaft von Pernod Ricard.

JAMESO
IRISH WHISK

Bushmills

Bushmills bzw. Old Bushmills, wie die Destillerie mittlerweile heißt, ist eine der traditionsreichen Brennereien Irlands – genauer gesagt Nordirlands. Auch wenn das Gründungsdatum eine Zeit lang mit 1608 angegeben wurde, kann dies genaueren historischen Überprüfungen nicht standhalten. Dennoch gehört Bushmills zu den ältesten irischen Whiskys und befindet sich mittlerweile im Besitz des Getränkeherstellers Diageo. Das herausstechende Merkmal bei Bushmills ist die Tatsache, dass diese Brennerei sich seit jeher auf die Herstellung von Single Malts und Blends konzentriert. Anders als bei den irischen Konkurrenten gab es bei Bushmills keinen Pure Pot Still, sondern klassische Malts, die sich von den schottischen Verwandten durch die Durchführung eines dritten Destillationsvorgangs auszeichneten. Dementsprechend weich, voll und seidig präsentieren sich die Bushmills-Whiskys, die teilweise bis zu 21 Jahre reifen dürfen.

Amerikanische Brennereien

Die amerikanischen Brennereien verfügen zwar über eine lange Whiskytradition, haben aber seit der Prohibitionszeit auch harte Zeiten hinter sich (siehe Seite 63). Heute sind nur noch wenige große Marken auf dem Markt, die auch international von Bedeutung sind. Hierzu gehören allerdings zwei der wichtigsten und umsatzstärksten Whiskys überhaupt, die aus ganz individuellen Brennereien stammen und ein außergewöhnliches Image pflegen.

Beam

Jim Beam gilt nicht nur als der am häufigsten verkaufte Bourbon der Welt, sondern gehört auch zu den bekanntesten Whiskys überhaupt. Die Destillerie Beam wurde im Jahr 1933 im amerikanischen Bundesstaat Kentucky gegründet, wo sie heute zwei Ableger betreibt – einen in Boston und einen weiteren in Clermont. An letzterem Standort empfängt sie auch zahlreiche Whiskytouristen, die den Entstehungsort ihres Lieblingswhiskys genauer kennenlernen wollen. Die Brennerei Beam hat seit einigen Jahren auch einige kleinere Marken mit deutlich minimierten Abfüllungen im Repertoire. Dazu gehören beispielsweise Booker's, Knob Creek oder Basil Hayden's. Zusätzlich wird auch der Klassiker Jim Beam immer wieder in abgewandelter Form präsentiert, um den Kundenstamm stetig zu erweitern und gleichzeitig zu zeigen, wie facettenreich dieser gestandene Bourbon sein kann. An der Grundrezeptur des Klassikers dürfte in naher Zukunft jedoch nichts verändert werden – schließlich legt man bei Beam viel Wert auf Tradition.

Jack Daniel's

Rund um den berühmten Jack Daniel's Whisky ranken sich beinahe genauso viele Legenden wie um seinen Erfinder, den damals erst 20-jährigen, aber schon sehr erfolgreichen Geschäftsmann Jack Daniel, der die Destillerie im Jahr 1866 in Lynchburg gründete. In Tennessee gibt es keinen anderen Whisky, der zu einem derartigen Weltruhm gelangte wie Jack Daniel's, was aber nicht nur der Qualität des Produkts, sondern vor allem auch einem geschickten Marketing geschuldet ist. Dabei vertreibt Jack Daniel's – neben weiteren Produkten – nur vier verschiedene Whiskymarken.
Für Einsteiger und sporadische Whiskytrinker ist Jack Daniel's oft die Marke der ersten Wahl. Auch für Mixgetränke und Cocktails wird er gerne verwendet, da seine süßen Noten sehr gut mit anderen Zutaten harmonieren. Durch das Lincoln-County-Verfahren, die Filtration durch Holzkohle, wird Jack Daniel's zudem weicher und leichter zugänglich, was die hohen Verkaufszahlen ebenfalls erklären könnte.

Kanadische Brennereien

Die interessanten Geschichten rund um die kanadischen Brennereien mit all ihren Besitzerwechseln und Übernahmen könnten ganze Bücher füllen und all diejenigen, die sich für die Geschichten hinter den Whiskys interessieren, über Stunden beschäftigen. Inzwischen sind die kanadischen Whiskys insbesondere bei den Nachbarn in den USA beliebt. In Europa sind die Zahlen der Anhänger eher als überschaubar zu bezeichnen, auch wenn die Blends aus Kanada sehr hochwertig erzeugt sind.

Hiram Walker

Die kanadische Destillerie Hiram Walker wurde 1858 von einem amerikanischen Geschäftsmann gegründet, der sich mit einer Brennerei selbstständig machen wollte – schließlich bot Kanada zu der Zeit gute Absatzmärkte und günstige Produktionskosten. Um seinen Whisky dort herstellen zu können, musste Walker jedoch immer wieder tonnenweise Mais importieren, da das Getreide zur damaligen Zeit noch nicht robust genug war, um im kälteren Klima angemessen zu gedeihen. Hiram Walker gilt folglich als eine Art Pionier und etablierte zudem die populäre Marke Canadian Club, die heute nicht nur in Kanada, sondern auch in den USA gute Verkaufszahlen vorweist.
Mittlerweile werden nach zahlreichen Übernahmen, Kooperationen und weiteren unternehmerischen Schach- und Winkelzügen bei Hiram Walker auch die Marken Wiser's und Gibson's Finest hergestellt. Diese beiden Blends treiben die Verkaufszahlen noch zusätzlich in die Höhe.

Japanische Brennereien

Die ältesten japanischen Whiskybrennereien wurden im ersten Drittel des 20. Jahrhunderts gegründet (siehe Seite 64). Seitdem ist die japanische Whiskykultur stetig gewachsen und gehört mittlerweile zu den wichtigsten der Welt. Zwar hängt dies auch mit der Tatsache zusammen, dass die Japaner gern guten Whisky genießen, aber dennoch verdienen auch die malerischen Orte, an denen die Destillerien hochwertige Single Malts und Co. herstellen, Beachtung.

Yamazaki

Shinjiro Torii war nicht nur der Gründer der Destillerie Yamazaki, sondern auch der Besitzer von Suntory und gilt gleichzeitig als wichtigster Pionier im Zusammenhang mit der japanischen Whiskytradition. Bereits 1921 gründete er in der Nähe von Kioto die Brennerei Yamazaki und setzte dabei auf landschaftliche Standortbedingungen, die optimale Voraussetzungen für die Herstellung hochwertigen Whiskys mit sich brachten: Ein bewaldetes Tal, drei Flüsse, die sich miteinander vereinigen, sowie ein kühles und stets feuchtes Klima bestimmen das Arbeiten in der Destillerie Yamazaki. Von Anfang an wurden hier hochwertige Single Malts hergestellt. Aus einem reichen Spektrum von rund 100 hauseigenen Malts entstehen verschiedene Whiskykreationen, die schon einige internationale Preise einheimsen konnten. Häufig dominieren bei den Abfüllungen von Yamazaki die süßen und weichen Noten, bisweilen gibt es aber auch Erzeugnisse, die etwas bissigere und sogar torfige Nuancen in sich tragen. Experten raten daher bereits seit Längerem dazu, die Skepsis bezüglich japanischer Whiskys hinter sich zu lassen und die dort entstehenden Schöpfungen als das zu betrachten, was sie sind: hervorragende Whiskys mit einem einzigartigen Stil.

Yoichi

Die Destillerie Yoichi, die im Westen der japanischen Insel Hokkaido ansässig ist, ist das Zuhause einiger der bekanntesten und besten japanischen Whiskys, die noch von Masataka Taketsuru kreiert wurden. Dieser war in jungen Jahren bei schottischen Brennmeistern in die Lehre gegangen, arbeitete dann zunächst in der Destillerie Yamazaki und machte sich schließlich mit Yoichi selbstständig.
Die Yoichi-Whiskys orientieren sich klar an schottischen Vorbildern und sind deutlich würziger und erdiger als die übrigen japanischen Erzeugnisse. Auch die Destillerie als solche erinnert stark an die Brennereien der schottischen Highlands. Die Whiskys von Yoichi sind bereits mehrfach mit verschiedenen Auszeichnungen bedacht worden. Kein Wunder, überlässt Yoichi schließlich nichts dem Zufall. Selbst die Fässer werden von der betriebseigenen Küferei aus besonders geschmacks- und farbintensiver japanischer Eiche gefertigt. Man schmeckt das Resultat.

Australische Brennereien

Auf dem Weltmarkt haben sich die australischen Brennereien zwar noch nicht besonders stark etabliert, dennoch sind sie für eine große Zukunft prädestiniert. Hinsichtlich ihrer Qualität sind die Australier bereits ganz weit vorn, und auch Exportmärkte werden immer großzügiger erschlossen. Dabei sind die meisten Destillerien – zumeist wurden sie gegen Ende des 20. Jahrhunderts gegründet – im internationalen Vergleich noch recht jung.

Bakery Hill

Die Destillerie Bakery Hill in Victoria ist eines der besten Beispiele für den Ehrgeiz und die Leidenschaft der jungen australischen Brennereien. So musste der Gründer David Baker zunächst einmal eine günstige Infrastruktur für eine professionelle Whiskyherstellung schaffen, bevor die Lagerbestände nach und nach aufgefüllt werden konnten. Mittlerweile ist Bakery Hill in der Lage, die ersten Single Malts aus dem eigenen Hause auch exportieren zu können. Seit Beginn setzt man dabei auf eine breite Produktpalette, denn Bakery Hill hat gleich fünf verschiedene Whiskys im Sortiment. Sowohl würzige und torfige Nuancen als auch süße, weiche und zitrische Noten sind in den einzelnen Abfüllungen zu erkennen.

Deutsche Brennereien

Bei deutschen Whiskys handelt es sich häufig um echte Liebhaberprojekte – auf dem Weltmarkt spielen Sie hingegen kaum eine Rolle. Trotzdem gibt es über 130 Whiskydestillerien in Deutschland. Ob dies nun die Spreewaldbrennerei, die Finch Distillery oder die Slyrs Destillerie aus Oberbayern ist, alle verbindet ihr hoher Qualitätsanspruch und ihre ausgezeichneten Produkte. Gerade aufgrund der Leidenschaft und des Engagements bei der Whiskyherstellung kann das eine oder andere Erzeugnis aus deutschem Hause auch Experten überzeugen – sofern diese bei den kleinen Produktionszahlen in den Genuss einer Verkostung kommen. Gerade regionale Whiskys erfreuen sich immer größerer Beliebtheit und finden sich auch im Handel.

Blaue Maus

Die Destillerie im fränkischen Eggolsheim existiert bereits seit Ende der 1970er-Jahre. Ihr Name geht auf eine Hafenspelunke in einem Seefahrergedicht zurück. Ursprünglich sollte die gleichnamige Whiskymarke den Namen „Glen Mouse“ tragen, doch dies wurde dem Gründer Robert Fleischmann – aufgrund der Nähe zu schottischen Whiskys – durch die Scotch Whisky Association verboten. Mittlerweile gibt es neben dem Single Malt Blaue Maus auch den Spinnaker, Old Fahr und den „Grünen Hund“. Die meisten dieser Malts sind in deutscher Stieleiche gereift und können mit der Komplexität der schottischen oder irischen Traditionsmarken bisher noch nicht mithalten. Dennoch zeigt sich allein schon anhand der Beharrlichkeit des Brennereigründers, dass der deutsche Whisky für die Zukunft noch einige interessante Entwicklungen erwarten lässt.

KULTURELLES UND TRADITIONELLES

Whisky ist eine Spirituose, die sich stetig weiterentwickelt. So ist es wenig verwunderlich, dass im Laufe der Zeit unzählige Bräuche und Traditionen rund um den Whisky entstanden sind. Sein Einfluss in den schönen Künsten ist hierbei genauso interessant wie die Sammelleidenschaft für seltene Produkte, die sich gerade in den letzten Jahren als lukrativ erwiesen hat. Auch der Whiskytourismus präsentiert sich als eine beachtenswerte Entwicklung.

Sammelwut und Seltenheitswert

Whiskyliebhaber sind in gewisser Weise seit jeher auch Sammler. Die schönen Flaschen, die seltenen Abfüllungen und die kreativen Kompositionen verleiteten bereits in der Mitte des 20. Jahrhunderts die ersten Genießer dazu, die Flaschen nicht mehr nur genussvoll zu leeren, sondern sie auch in verschlossenem Zustand aufzubewahren. Wer damals schon auf diesen Zug aufgesprungen ist, dürfte mittlerweile bereits ein ordentliches Vermögen angehäuft haben: Whisky erweist sich inzwischen als überaus kostbare Spirituose, wenn es um seltene oder limitierte Abfüllungen geht. Je seltener ein Whisky dabei ist, desto höher steigt er im Wert. In einigen Fällen kommt es nicht einmal mehr auf eine besondere Qualität an.
Die hohen Preise, die einige Whiskys derzeit erzielen, lassen sich auf eine ganz einfache Tatsache zurückführen: Sie sind vom Aussterben bedroht. Das mag im ersten Augenblick überraschend klingen, ist, rational betrachtet, jedoch eine logische Tatsache. Viele Whiskys, die im Lauf der Zeit von Brennereien erzeugt und gelagert wurden, sind heutzutage schlicht und ergreifend nicht mehr erhältlich. Entweder sind die eingelagerten Reserven eines bestimmten Jahrgangs aufgebraucht oder die entsprechende Destillerie existiert mittlerweile nicht mehr. Inzwischen hat sich bereits eine Art Kult um seltene Whiskys entwickelt, der die Preise immer weiter in die Höhe treibt und den Whisky zu einer echten Geldanlage werden lässt. So zahlen Sammler nicht selten sechsstellige Beträge, um beispielsweise eine Flasche The Dalmore ihr Eigen nennen zu können (siehe Seite 68).

Falls Sie nun auch auf den Geschmack gekommen sind, in teure Whiskys zu investieren, empfiehlt es sich, sich fachmännisch beraten zu lassen. Sogenannte Raritätenexperten – viele davon klassische Whiskyhändler – können Ihnen dabei mit ihrem Expertenwissen zur Seite stehen.

Mythen und Marketing

Keine Spirituose kann mit so vielen einzigartigen Geschichten aufwarten wie der Whisky. Darüber hinaus besitzt jede Brennerei ihre eige-

ne Chronik mit zahlreichen beachtlichen Höhepunkten und dramatischen Niederschlägen. Ähnliches gilt für all die Mythen und Legenden, die sich um die berühmten Brennereien ranken. Darüber hinaus haben sich die Marketingexperten der Destillerien schon vor Jahren zahlreiche Tricks und Kniffe einfallen lassen, um die eigene Marke noch stärker auf dem internationalen Markt zu etablieren. Hierdurch wurde ein aufregendes neues Konzept geboren: der Whiskytourismus.

Reisen ins Reich der Whiskys

Viele Genießer und Liebhaber geben sich mit einem gemütlichen Whiskyabend im heimischen Wohnzimmer nicht mehr zufrieden – sie wollen mehr über Geschichte und Hintergründe rund um ihr Lieblingsgetränk erfahren. Einmal an den Ort des Geschehens reisen und dort sehen, fühlen, riechen und schmecken, wie die beliebte Spirituose hergestellt wird – so können die Whiskyfans ein Stück vom Zauber einer historischen Brennerei mit nach Hause nehmen. Viele Brennereien haben inzwischen ihre Räumlichkeiten für die Touristen geöffnet. In der Regel handelt es sich hierbei zwar meist um nicht mehr in Betrieb befindliche historische Gebäudeteile, aber Besucher können dennoch einen kleinen Blick auf die Kunst der Whiskyherstellung erhaschen.
Destillerien, die dieses Konzept besonders eifrig betreiben, sind z. B. die amerikanischen Brennereien Beam und Jack Daniel's (siehe Seite 70f). Andere wiederum sind deutlich zurückhaltender, wie beispielsweise die Brennerei Slyrs in Bayern. Doch auch dort werden Führungen und Verkostungen angeboten, bei denen mittlerweile sogar einige preisgekrönte Kreationen aus eigenem Hause vorgestellt werden – wenn auch das noch recht junge Unternehmen nicht mit einem solchen historischen Faszinosum aufwarten kann wie etwa Jack Daniel's.
Wer sich für eine Besichtigung der großen, bekannten Destillerien interessiert, kann sich in der Regel nicht nur privat bei den Brennereien für eine Führung oder Besichtigung anmelden, sondern bei diversen Reiseveranstaltern auch

Public Path
Drymen 5½
Public Path
Milngavie 6¾
WEST HIGHLAND WAY

gleich ganze Touren buchen. So unternehmen Interessierte etwa einen Whiskytrip durch Kentucky oder begeben sich auf eine Tour zu den schottischen oder irischen Brennereien. In jedem Fall lassen sich hierbei unvergessliche Eindrücke sammeln und geschmackliche Highlights erleben, die nicht nur eingefleischte Whiskyliebhaber zu begeistern wissen.

Whisky in der Kunst

Aufgrund ihrer berauschenden Wirkung sind alkoholische Getränke seit jeher mit bildender Kunst, Musik und Film verbunden. Es ist jedoch nicht nur die inspirierende Kraft, die viele Kunstschaffende dem Whiskygenuss zuschreiben, auch in zahlreichen künstlerischen Werken wird er thematisiert.

Whisky in der Literatur

Nicht nur Whiskyführer und -nachschlagewerke gibt es inzwischen in Hülle und Fülle, auch in die Belletristik hat der edle Tropfen Einzug gehalten. In der Literatur waren es insbesondere die englischen und amerikanischen Schriftsteller, die oftmals dem aromatischen Getränk verfielen. Viele von ihnen wie etwa James Joyce, Ernest Hemingway oder William Faulkner waren nicht nur begeisterte Whiskygenießer, sie wussten den guten Tropfen auch als literarisches Element zu nutzen. Denn mindestens eine Parallele vereint Literat und Whisky: der langsame und kreative Schöpfungsprozess, der sowohl bei der Entstehung eines literarischen Meisterwerks als auch bei der Herstellung eines guten Whiskys eine Rolle spielt.

Whisky in der Musik

Doch nicht nur die Literatur beschäftigt sich mit dem Phänomen Whisky – auch in der Musik hat die wohlschmeckende Spirituose schon seit Langem einen festen Platz. Beispiele gibt es viele. So machte etwa der Song „Whisky in the Jar“ – ein vermutlich bereits aus dem 17. Jahrhundert stammendes irisches Volkslied – die irische Musikgruppe The Dubliners weltberühmt.
In der deutschsprachigen Pop-Musik würdigt z. B. Marius Müller Westernhagen den Whisky einer besonderen Erwähnung, wenn er „Johnnie Walker“ als seinen „besten Freund“ besingt.

Whisky im Film

Auch Filme, in denen dem Whiskygenuss gefrönt wird, gibt es zahlreiche. Die meisten davon bedienen sich weitverbreiteter Klischees: Während Frauen im Film dem Whiskygenuss ganz und gar ablehnend gegenüberzustehen scheinen, ist es meist der Typus eines „ganzen Mannes“, der sich z. B. ein gutes Glas Scotch zu Gemüte führt. Die Whiskygenießer aus Kino und Fernsehen präsentieren sich entweder als stilvolle Gentlemen mit dem gewissen Etwas und einem Hang zu gutem Geschmack, als etwas zwielichtiger Detektiv mit gutem Herzen oder als heruntergekommene Halunken, die sich in einem Westernsaloon amüsieren.
Auch wenn künstlerische Schaffensprodukte mit der Realität meist nur bedingt vergleichbar sind, zeigt sich doch auch in der Kunst, wie wandelbar Whisky sein kann und dass die einzigartige Spirituose praktisch für jeden etwas zu bieten hat.

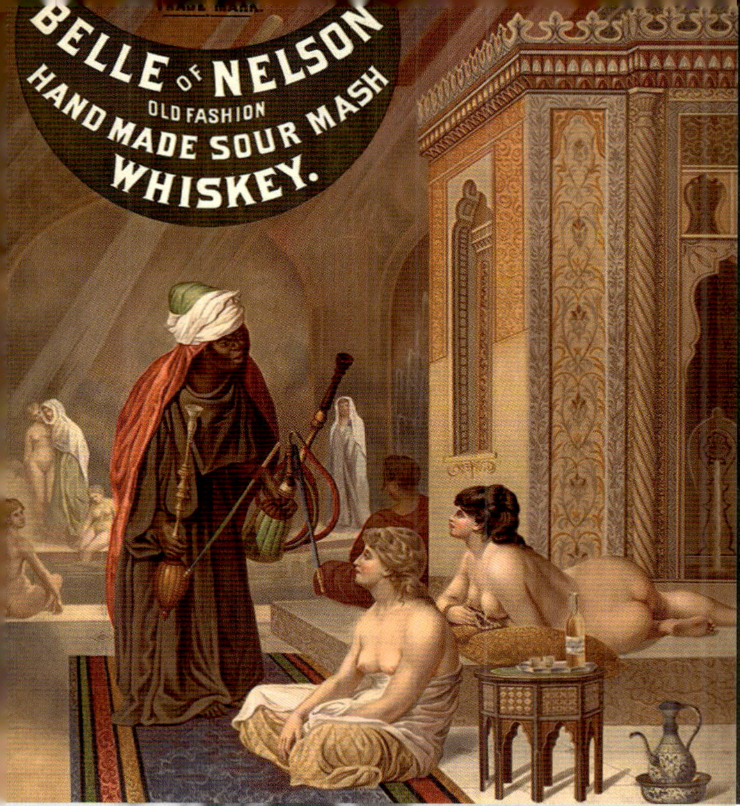
BELLE OF NELSON
OLD FASHION
HAND MADE SOUR MASH
WHISKEY.

DATEN UND FAKTEN: WHISKY IN ZAHLEN

Whisky hat mittlerweile nahezu weltweit seine Fans gefunden. Umso spannender ist es, einen Blick auf einige Daten und Fakten zu werfen. Oder wussten Sie, wie viel die teuerste Flasche Whisky wert ist und wie viele Brennereien es in Schottland gibt?

1494: In diesem Jahr wurde das bisher älteste bekannte schriftliche Dokument verfasst, in dem die Herstellung von Whisky exakt beschrieben wird. Das Schriftstück stammt aus Schottland und war an einen Mönch namens John Cor gerichtet, der den Auftrag erhielt, aus acht Maß Malz Whisky herzustellen.

1608: Dies ist das Jahr, in dem in Irland erstmals einer Whiskybrennerei eine offizielle Lizenz erteilt wurde. In Schottland war dies erst viele Generationen später möglich, weshalb sich die Iren zumindest diesbezüglich eines Rekordes rühmen dürfen.

1717: In diesem Jahr wurde in der ältesten Destillerie Schottlands erstmals Whisky gebrannt. Hierbei handelt es sich um die in den Highlands ansässige Traditionsbrennerei Glenturret. Das älteste Gebäude auf dem heutigen Destilleriegelände wurde bereits 1775 errichtet. Obwohl Glenturret im 20. Jahrhundert für rund 30 Jahre geschlossen war, erfreut sich die frisch erblühte Destillerie heutzutage wieder einer großen Beliebtheit.

100: Auch wenn die aktuellen Zahlen immer ein wenig schwanken, kann man davon ausgehen, dass sich derzeit in Schottland rund 100 verschiedene Destillerien in Betrieb befinden. Oft passiert es auch, dass große Unternehmen wie Diageo oder Suntory kleinere Brennereien aufkaufen und wieder zu neuem Leben erwecken.

150.000.000: Dies ist der Ausstoß in Litern, den Jack Daniel's jährlich produziert – was das Unternehmen zu einem der uneingeschränkten Branchenführer werden lässt. Im Vergleich dazu kommt die zweite große amerikanische Destillerie Beam nur auf ungefähr 80 Millionen Liter pro Jahr. Bei den großen schottischen Destillerien sind es noch weniger: Glenfiddich hat einen Ausstoß von rund 12 Millionen Litern und Glenmorangie produziert nur rund 6 Millionen Liter jährlich.

463.000: So viel Euro war einem Sammler auf einer Auktion in Honkong eine 6-Liter-Karaffe The Macallan M wert. Bei diesem Sammlerstück handelt es sich um ein echtes Gesamtkunstwerk: Schon allein die Flasche, in die mehr als 50 Arbeitsstunden investiert wurden, ist ihren Preis wert!

JACK DANIEL'S
Old
No.7
BRAND
Tennessee
SOUR MASH
WHISKEY
70cl 40% Vol.

Rezeptteil

COCKTAILS MIT WHISKY

Nicht nur pur serviert ist Whisky ein Genuss, auch fürs Mixen gibt es zahlreiche Varianten, die es sich auszuprobieren lohnt. Nicht umsonst gehört er zu den führenden Spirituosen einer jeden Cocktailbar. Wer es alkoholischer mag, gönnt sich einen Shortdrink, andernfalls verlängert man seinen Cocktail einfach mit nichtalkoholischen Zutaten zu einem Longdrink. Soweit nicht anders angegeben, beziehen sich die Mengenangaben auf ein Glas.

One Ireland

6 cl irischer Whisky
1,5 cl grüner Crème de Menthe
1 kleine Kugel Vanilleeis

Alle Zutaten in einen Mixer geben, weich mixen und in ein gekühltes Cocktailglas füllen.

Algonquin

3 cl Blended American Whisky
2 cl trockener Vermouth, 2 cl Ananassaft

Zutaten mit einigen Eiswürfeln im Shaker mischen und gut schütteln. In eine gekühlte Cocktailschale abgeseiht servieren.

Cameron's Kick

3 cl schottischer Malt Whisky
2 cl Irish Whisky, 1 cl Mandelsirup
1 cl frisch gepresster Zitronensaft

Einen Shaker mit Eiswürfeln füllen, Zutaten zugeben und schütteln. Zum Servieren in eine gekühlte Cocktailschale abseihen.

Affinity

3 cl trockener Vermouth
3 cl süßer Vermouth
3 cl Scotch
3–6 Spritzer Angosturabitter

Zutaten mit vielen Eiswürfeln in ein Rührglas geben und verrühren. In ein gut gekühltes Martiniglas abseihen und servieren.

Bourbon Sidecar
(Abbildung oben)

3 cl Bourbon
3 cl Triple Sec
1,5 cl frisch gepresster Zitronensaft

Bourbon, Triple Sec und Zitronensaft mit Crushed Ice in einem Shaker mischen, gut schütteln und in ein gekühltes Cocktailglas abseihen.

Palmer Cocktail

6 cl Rye Whisky
1/2 TL frisch gepresster Zitronensaft
1 Spritzer Angosturabitter

Zutaten zusammen mit Eiswürfeln in ein Rührglas geben, verrühren und in ein gekühltes Cocktailglas abseihen.

Louisiana Sour
(Abbildung links)

4 cl Whisky
4 cl Ananassaft
1 cl Cointreau
1 cl Maracujasirup

Zutaten mit einigen Eiswürfeln in einen Shaker geben und kräftig schütteln. In ein mit Eiswürfeln gefülltes Glas abseihen und mit einer unbehandelten Maracujascheibe dekoriert servieren.

Godfather
(Abbildung rechts)

4 cl Scotch
2 cl Amaretto Disaronno

Scotch und Amaretto in einen mit Eiswürfeln gefüllten Tumbler geben, gut verrühren und nach Belieben mit einer unbehandelten Orangenzeste und einer Cocktailkirsche garniert servieren.

Black Derby
(Abbildung rechts)

6 cl pinker Grapefruitsaft
4,5 cl Kentucky Bourbon, 1,5 cl Honigsirup

Zutaten im Shaker mit reichlich Eis kräftig schütteln und in ein gekühltes, mit einem Zuckerrand versehenes Glas abseihen.

Lafayette

6 cl Bourbon
1,5 cl trockener Vermouth
1,5 cl Dubonnet Rouge
1/2 TL feiner Barzucker, 1/2 Eiweiß

Zutaten mit Crushed Ice in den Shaker geben, sehr kräftig schütteln und in ein gekühltes Whiskyglas füllen.

Blackthorn

4,5 cl Irish Whisky
2,5 cl trockener Vermouth
2 Spritzer Angosturabitter, 2 Spritzer Absinth

Mixglas mit Eiswürfeln füllen, umrühren, bis das Glas beschlägt und Schmelzwasser abgießen. Zutaten zu den Eiswürfeln ins Glas füllen, umrühren und in eine gekühlte Cocktailschale gießen. Eine unbehandelte Orangenzeste über der Cocktailschale ausdrücken und mit ins Glas geben.

Gloom Lifter

6 cl Blended Whisky
3 cl Brandy
1,5 cl frisch gepresster Zitronensaft
1 EL Himbeerlikör
1/2 TL feiner Barzucker
1/2 Eiweiß

Alle Zutaten mit Crushed Ice in den Shaker geben und sehr kräftig schütteln. Mischung in ein mit Eiswürfeln gefülltes, gekühltes Cocktailglas abseihen.

Manhattan
(Abbildung links)

4 cl Whisky
2 cl Vermouth rosso
2 Spritzer Angosturabitter

Einige Eiswürfel in ein Mixglas geben, Zutaten zugeben und verrühren. In ein Cocktailglas abseihen. Mit einer Cocktailkirsche dekoriert servieren.

Flying Scotsman

6 cl Scotch
3 cl süßer Vermouth
3–5 Spritzer Angosturabitter
1/2 TL feiner Barzucker

Zutaten mit Crushed Ice im Mixer bei niedriger Stufe cremig mixen. In ein gekühltes Whiskyglas geben und servieren.

Manhattan medium

4 cl Whisky
1 cl trockener Vermouth
1 cl Vermouth rosso

Einige Eiswürfel in ein Mixglas geben. Zutaten zugeben und verrühren. Mischung in eine Cocktailschale abseihen. Stück einer unbehandelten Zitronenschale über dem Drink auspressen und mit einer Cocktailkirsche dekorieren.

Marquee
(Abbildung rechts)

3 cl Bourbon
4 cl Cranberrysaft
2 cl Himbeerlikör
2 cl frisch gepresster Zitronensaft
1 Spritzer Zuckersirup

Einige Eiswürfel in einen Shaker geben, Zutaten zugeben und gut schütteln. In einen mit Crushed Ice gefüllten Tumbler abseihen und mit Himbeeren garnieren.

Hanseatic

2 cl Whisky
2 cl Weinbrand
2 cl Brandy
6 cl Sekt

Whisky, Weinbrand und Brandy in einen Sektkelch geben. Mit eiskaltem Sekt auffüllen.

Nevins

6 cl Bourbon, 3 cl Grapefruitsaft
1,5 cl Aprikosenbrandy
1,5 cl frisch gepresster Zitronensaft
1 Spritzer Angosturabitter

Zutaten mit Crushed Ice in einen Shaker füllen und gut schütteln. Zum Servieren ein gekühltes Cocktailglas abseihen.

Black Hawk

6 cl Blended Whisky
3 cl Schlehen-Gin

Zutaten mit Crushed Ice in einem Rührglas verrühren und in ein gekühltes Cocktailglas abseihen.

Bobby Burns

6 cl Scotch, 3 cl süßer Vermouth
1 TL Bénédictine

Zutaten mit Crushed Ice in einem Rührglas verrühren. In ein gekühltes Cocktailglas abseihen und mit einer unbehandelten Zitronenspirale garnieren.

Mint Julep
(Abbildung gegenüber)

1 Stängel Minze
1 cl Zuckersirup, 4 cl Whisky

Einige gewaschene Minzblätter, 20 Milliliter Wasser und Zuckersirup in ein großes Glas geben. Minze mit einem Stößel auspressen und gut umrühren. Glas zur Hälfte mit Eis füllen und nochmals kräftig umrühren. Whisky zugießen, einige Sekunden ruhen lassen und noch einmal durchrühren. Mit Minze dekoriert servieren.

Tennessee

6 cl Rye Whisky
3 cl frisch gepresster Zitronensaft
3 cl Maraschinolikör

Zutaten mit Crushed Ice in einen Shaker geben, kräftig schütteln und in ein gekühltes Cocktailglas abseihen.

Galliano Sour

2 cl Galliano
2 cl Whisky
2 cl Zitronensaft
1 cl Zuckersirup

Zutaten mit einigen Eiswürfeln in einen Shaker geben und kräftig schütteln. In ein gekühltes Glas abseihen. Mit einer unbehandelten Zitronenscheibe dekoriert servieren.

Info: Galliano ist ein Likör, der aus über 30 verschiedenen Kräutern hergestellt wird. Es handelt sich hierbei um einen sehr hochprozentigen Likör.

Penicillin

5 cl Blended Scotch
2 cl frisch gepresster Zitronensaft
2 cl selbst gemachter Ingwerhonigsirup
1 cl Islay Single Malt Scotch
1 Stück kandierter Ingwer

Zutaten (bis auf den Islay Single Malt Scotch) mit Eiswürfeln in einen Shaker füllen. Kräftig schütteln und in einen Tumbler mit Eiswürfeln abseihen. Islay Single Malt Scotch zugießen und mit Ingwer garniert servieren.

Delta

6 cl Blended Whisky
1,5 cl Southern Comfort
1,5 cl frisch gepresster Limettensaft
1/2 TL feiner Barzucker

Zutaten mit Crushed Ice in einem Shaker mischen, kräftig schütteln und in ein gekühltes Whiskyglas füllen. Mit einer unbehandelten Orangenscheibe und einer Pfirsichscheibe garnieren.

Millionaire
(Abbildung unten)

6 cl Bourbon, 3 cl Pernod
1/4 TL Grenadinesirup
1/4 TL Triple Sec, 1 Eiweiß

Zutaten mit Crushed Ice in einen Shaker geben, sehr kräftig schütteln und in ein gekühltes Cocktailglas abseihen. Mit einer unbehandelten Physalis dekoriert servieren.

BMW

2 cl Baileys
2 cl Malibu
1 cl Whisky (Bourbon)

Baileys, Malibu und Whisky mit einigen Eiswürfeln im Shaker mixen und in ein Shooter-Glas abseihen.

Paddy Cocktail

6 cl irischer Whisky
3 cl süßer Vermouth
3–5 Spritzer Angosturabitter

Zutaten mit Crushed Ice in einen Shaker füllen, kräftig schütteln und in ein gekühltes Cocktailglas abseihen.

Missouri Mule

4 cl Whisky
1 cl Crème de Cassis
1 cl Zitronensaft

Zutaten mit einigen Eiswürfeln in einen Shaker geben und kräftig schütteln. Mischung in eine Cocktailschale abseihen und mit einer Cocktailkirsche dekoriert servieren.

New York Sour
(Abbildung oben)

4,5 cl Rye Whisky
2 cl Rotwein (Bordeaux)
1,5 cl frisch gepresster Zitronensaft
1,5 cl Zuckersirup

Zutaten bis auf den Rotwein mit Eiswürfeln in einen Shaker geben und kräftig schütteln. In einen randvoll mit Eis gefüllten Tumbler abseihen, Rotwein zugeben, vorsichtig umrühren und mit einer unbehandelten Zitronen- oder Orangenscheibe und einer Cocktailkirsche garniert servieren.

Info: Für eine Variante gibt man noch ein Eiweiß mit in den Shaker. Der Cocktail erhält dadurch eine interessante Textur.

Scotch Sour
(Abbildung unten)

3 cl Scotch
2 cl Lime Juice
1/2 Barlöffel Puderzucker

Zutaten mit einigen Eiswürfeln in einen Shaker geben und kräftig schütteln. In einen mit Eiswürfeln gefüllten Tumbler abseihen. Mit einer unbehandelten Zitronenscheibe dekoriert servieren.

Info: Dieser Cocktail ist eine Variante des Whisky Sour, der klassischerweise mit Bourbon zubereitet wird. Je nach verwendetem Whisky ergeben sich ganz verschiedene Nuancen.

Dandy
(Abbildung gegenüber)

1 cl Rye Whisky
1 cl Dubonnet
3 Spritzer Crème de Cassis
1 Spritzer Angosturabitter

Zutaten auf Eis in ein gekühltes Cocktailglas geben und leicht verrühren. Mit einer unbehandelten Zitronen- oder Orangenschale garniert servieren.

Opening Cocktail

6 cl kanadischer Whisky
3 cl süßer Vermouth
1,5 cl Grenadinesirup

Zutaten zusammen mit Crushed Eis in ein Rührglas geben, verrühren und in ein gekühltes Cocktailglas abseihen.

Whisky Peach Smash

1 kleiner Pfirsich
1/2 Zitrone
3 Minzblätter
1,5 cl Zuckersirup
6 cl kanadischer Whisky

Pfirsich schälen, entkernen und vierteln. Zitrone schälen, entkernen und in Stücke schneiden. Beides mit 30 Millilitern Wasser, gewaschener Minze und Sirup in ein Mixglas geben und mit einem Löffel zerdrücken (muddeln). Mit Eis in einen Shaker geben, Whisky zugießen und schütteln. In einen mit Eis gefüllten Tumbler abseihen und mit einem Zweig gewaschener Minze und einer unbehandelten Orangen- oder Pfirsichscheibe garnieren.

Tipp

Zu Whiskycocktails passen Knabbereien wie Erdnüsse, Kartoffelchips, Salzstangen oder Cracker. Generell kann man leichte, süße Whiskys wie z. B. Glenfiddich gut mit Lachs, Sushi, Ziegenkäse oder Doppelrahmkäse kombinieren, zu starken, torfigen Whiskys wie z. B. Islay-Whiskys passen gut orientalische Lammhackbällchen oder ein kräftiger Blauschimmelkäse. Solche im Mittelfeld harmonieren z. B. mit geräuchertem Fisch, Wild- oder Entenfleisch.

Ward Eight

4 cl Rye Whisky
2 cl frisch gepresster Orangensaft
0,5 cl frisch gepresster Zitronensaft
0,5 cl Grenadinesirup

Zutaten in einen Shaker mit Eiswürfeln geben, kräftig schütteln und in eine Cocktailschale abseihen.

Rob Roy
(Abbildung links)

4 cl Whisky
2 cl Vermouth rosso
1 Spritzer Angosturabitter

Einige Eiswürfel in ein Mixglas geben, Zutaten zufügen, kurz und kräftig durchrühren und in ein gekühltes Cocktailglas abseihen. Eine Cocktailkirsche ins Glas geben und servieren.

Mountain Cocktail

6 cl Blended Whisky
1,5 cl trockener Vermouth
1,5 cl süßer Vermouth
1,5 cl frisch gepresster Zitronensaft
1 Eiweiß

Alle Zutaten zusammen mit Crushed Ice in einen Shaker geben, gut schütteln und in ein gekühltes Cocktailglas abseihen.

Shamrock

6 cl irischer Whisky
1,5 cl grüner Crème de Menthe
1,5 cl trockener Vermouth
1 TL grüner Chartreuse

Zutaten zusammen mit Crushed Ice in einen Shaker füllen, kräftig schütteln und in ein gekühltes Cocktailglas abseihen.

Sazerac

(Abbildung rechts)

1 cl Absinth Pernod®
4 cl stilles Mineralwasser
1 Stück brauner Kandiszucker
3 Spritzer roter Angostura
5 cl Rye Whisky

Einen Tumbler mit Crushed Ice füllen, Absinth und Mineralwasser zugießen und Glas schwenken, bis die Innenseite ganz benetzt ist. Zucker in einem Rührglas mit Angosturabitter tränken, mit dem Stößel zerdrücken, zwei Eiswürfel zugeben und rühren, bis sich eine sirupartige Konsistenz ergibt. Unter Rühren nach und nach Whisky und weitere Eiswürfel zugeben. Tumbler komplett leeren und Inhalt des Rührglases einfüllen. Eine Orangen- oder Zitronenzeste über dem Glas ausdrücken und in das Glas geben.

John Collins

4 cl Whisky
2 cl Zitronensaft
1 Barlöffel Puderzucker
6 cl Sodawasser

Whisky, Zitronensaft und Puderzucker zusammen mit einigen Eiswürfeln in einen Shaker geben und kräftig schütteln. In ein mit Eiswürfeln gefülltes Glas abseihen, mit kaltem Sodawasser auffüllen und umrühren. Mit der Scheibe einer unbehandelten Zitrone dekorieren und mit einem Strohhalm servieren.

Whisky Smash

1/2–1 unbehandelte Zitrone
2 cl Zuckersirup
2–3 Zweige Minze
6 cl Bourbon

Enden der Zitrone abschneiden und Zitrone in Stücke schneiden. Mit Zuckersirup und gewaschener Minze in einen Shaker geben und alles mit einem Löffel zerdrücken (muddeln). Bourbon zugeben und mit reichlich Eiswürfeln kräftig schütteln. In einen mit Eis gefüllten Tumbler abseihen und mit einem gewaschenen Zweig Minze dekorieren.

Tipp: Minzzweige vor dem Dekorieren leicht in den Handflächen andrücken, damit sich das Aroma intensiviert. Ohne Strohhalm servieren, damit sich das Minzaroma bei jedem Schluck entfaltet.

Old Fashioned
(Abbildung gegenüber)

1 Stück Würfelzucker
3 Spritzer Angosturabitter
5 cl Whisky

Ein Stück Würfelzucker mit Angosturabitter tränken und in einen Tumbler geben. 20 Milliliter Wasser zufügen und Zuckerwürfel mit einem Löffel zerdrücken. Glas zu zwei Dritteln mit Eiswürfeln füllen und Whisky zugießen, gut umrühren. Cocktail mit einer unbehandelten Zitronen- und Orangenscheibe sowie einer Cocktailkirsche dekorieren und servieren.

Whisky Flip

5,5 cl Whisky
2 TL Sahne
1 TL Puderzucker, 1 Ei

Eiswürfel in einen Shaker füllen, Zutaten zugeben, kräftig schütteln und in ein Sour-Glas abseihen. Mit Muskat bestreut servieren.

White Heather mit Whisky

1 cl Bananenlikör
1 cl brauner Kakaolikör
2 cl Sahne, 1 cl Whisky

Zutaten mit Eiswürfeln im Shaker schütteln und in eine Cocktailschale abseihen. Mit geriebenem Muskat und nach Belieben einer Zimtstange garniert servieren.

Tipp

Wenn Sie einen Whiskycocktail kreieren wollen, sollten Sie sich zunächst an Klassikern orientieren und diese um frische Kräuter oder Gewürze ergänzen. Daneben können ätherische Öle von Zitrusschalen, die man durch leichtes Drehen über dem Glas auspresst, aromatisieren. Auch bewährte Rezepturen eignen sich zur Orientierung. Für einen Sour-Drink nimmt man z. B. 5 Zentiliter Spirituose, 3 Zentiliter Säure und 2 Zentiliter Süße.

London Sour
(Abbildung links)

3 cl Whisky
2 cl Orangensaft
2 cl Zitronensaft
1 cl Mandelsirup, 1 cl Zuckersirup

Zutaten mit einigen Eiswürfeln in einen Shaker geben und kräftig schütteln. In einen Tumbler abseihen. Mit einer unbehandelten Orangenspirale und gewaschener Minze dekoriert servieren.

Whisky Sour

5 cl Whisky (Bourbon)
3 cl Zitronensaft
1–2 cl Zuckersirup

Zutaten mit einigen Eiswürfeln im Shaker kräftig schütteln und in einen mit Eiswürfeln gefüllten Tumbler abseihen. Eine halbe Scheibe einer unbehandelten Orange und eine Cocktailkirsche auf einen Spieß stecken und Cocktail damit dekorieren.

Green Dublin Apple Martini

6 cl irischer Whisky
3 cl saurer Apfelschnaps
weißer Cranberrysaft

Whisky und Schnaps mit Eiswürfeln in einem Shaker kräftig schütteln. In ein gekühltes Cocktailglas abseihen, mit Cranberrysaft auffüllen und mit einer unbehandelten Apfelscheibe garniert servieren.

Rusty Nail

4 cl Whisky
2 cl Drambuie

Zutaten mit einigen Eiswürfeln in ein Mixglas geben, kräftig durchmischen und in einen kleinen Tumbler abseihen. Eiswürfel zugeben und mit einer unbehandelten Zitronenspirale dekoriert servieren.

Whisky Cocktail
(Abbildung gegenüber rechts)

9 cl Blended Whisky
1 TL Zuckersirup
1 Spritzer Angosturabitter

Zutaten mit Crushed Ice in einen Shaker geben, kräftig schütteln und in ein gekühltes Cocktailglas abseihen.

Joker
(Abbildung oben)

3 cl Whisky
2 cl Dubonnet
1 cl Grand Marnier

Zutaten in einem Mixglas mit einigen Eiswürfeln verrühren. In einen mit einigen Eiswürfeln gefüllten kleinen Tumbler abseihen. Mit unbehandelter Karambole und Limettenschale dekoriert servieren.

Old Pal Cocktail
(Abbildung oben)

3 cl Rye Whisky
3 cl Campari
3 cl trockener Vermouth

Zutaten in ein Mixglas geben, Eis zugeben, 30 Sekunden umrühren und in ein gekühltes Cocktailglas abseihen. Mit einer unbehandelten Zitronen- oder Orangenspirale garniert servieren.

Beadlestone

3 cl Whisky
3 cl trockener Vermouth

Beide Zutaten mit einigen Eiswürfeln in einen Shaker geben, schütteln und in einen mit einigen Eiswürfeln gefüllten Tumbler abseihen.

Barbary Coast

1 cl Rum
1 cl Scotch
1 cl Gin
1 cl weißer Crème de Cacao
1 cl Sahne

Zutaten mit Eiswürfeln in einen Shaker geben und schütteln. Zum Servieren in einen mit Eiswürfeln gefüllten Tumbler abseihen.

Manhattan dry

4 cl Whisky
2 cl trockener Vermouth

Einige Eiswürfel in ein Mixglas geben, Zutaten zugeben und verrühren. In ein Cocktailglas abseihen und mit einer Olive und einer unbehandelten Zitronenspirale dekoriert servieren.

Skipper
(Abbildung gegenüber unten)

3 cl Scotch oder Rye Whisky
1,5 cl Orangensaft
4 Tropfen Grenadinesirup

Zutaten mit Eis in einem Mixglas verrühren, in ein mit Eis gefülltes Glas abseihen und mit einer unbehandelten Orangen- oder Zitronenscheibe garniert servieren.

Cockroach

1,5 cl Kahlúa
1,5 cl Scotch

Kahlúa in ein Shooterglas geben, Scotch über den Rücken eines Barlöffels mit ins Glas gießen und servieren.

Info: Kahlúa ist ein mexikanischer Kaffeelikör mit einem starken Kaffeegeschmack, bestehend aus Kaffee, Zuckerrohr und Vanille.

New Yorker
(Abbildung oben)

4 cl Whisky
2 cl Zitronensaft
1 cl Grenadinesirup

Zutaten mit einigen Eiswürfeln in einen Shaker gießen und kräftig schütteln. In ein Cocktailglas abseihen und mit einer unbehandelten Zitronenscheibe dekoriert servieren.

Bourbon Highball Cola
(Abbildung oben)

4 cl Bourbon
10 cl Cola

Einige Eiswürfel in ein Longdrinkglas geben. Bourbon und eine unbehandelte Zitronenscheibe ins Glas geben und mit Cola auffüllen.

Whisky Highball
(Abbildung unten)

6 cl Whisky
15 cl Sodawasser

Zutaten in ein Highball-Glas geben und leicht verrühren. Eiswürfel zugeben und servieren.

Andreas

3 cl Whisky (Jack Daniel's)
1,5 cl Cointreau
1 Spritzer Sweet & Sour Mix
Saft von 1/2 Zitrone
Sprite

Zutaten bis auf Sprite mit viel Eis im Shaker schütteln, in ein mit Eis gefülltes Glas abseihen, mit Sprite auffüllen und mit unbehandelter Zitrone oder Limone dekoriert servieren.

Tipp: Sweet & Sour-Sirup kann man auch selbst herstellen. Dazu mischt man ein Drittel frischen

Limettensaft mit einem Drittel frischem Zitronensaft und einem Drittel Zuckersirup. Für letzteren Zucker und Wasser zu gleichen Teilen zum Kochen bringen und rühren, bis sich der Zucker aufgelöst hat.

7 & 7

6 cl Seagram's 7-Crown (Blended Whisky)
7-Up

Whisky in ein mit Eiswürfeln gefülltes Longdrinkglas gießen. Mit 7-Up aufgießen und langsam umrühren.

Lynchburg Lemonade
(Abbildung rechts)

2 cl Tennessee Whisky (Jack Daniel's)
2 cl Cointreau
1 cl frisch gepresster Zitronensaft
1 cl Zuckersirup
8 cl Zitronenlimonade oder Sprite

Zutaten bis auf die Zitronenlimonade oder Sprite mit einigen Eiswürfeln in einen Shaker füllen und schütteln. In ein mit Eiswürfeln gefülltes Glas abseihen. Mit kalter Zitronenlimonade oder Sprite auffüllen. Mit einer unbehandelten Zitronenscheibe garniert servieren.

Info: Dieses Rezept von Tony Mason aus dem Jahr 1980 ist benannt nach Lynchburg/Tennessee, Sitz der Jack-Daniel's-Destillerie.

Presbyterian

9 cl Bourbon
Ginger Ale
Sodawasser

Bourbon in ein mit Eiswürfeln gefülltes Longdrinkglas gießen. Mit Ginger Ale und Sodawasser zu gleichen Teilen aufgießen und langsam umrühren.

Admiral Highball

2 cl Whisky
2 cl Rotwein
1 cl Ananassaft
1 cl Zitronensaft
10 cl Sodawasser

Zutaten bis auf Sodawasser mit einigen Eiswürfeln in einem Longdrinkglas verrühren. Mit Sodawasser auffüllen und mit einem Strohhalm servieren.

Whisky Cooler

(Abbildung gegenüber)

4,5 cl Whisky
Ginger Ale

Whisky in ein mit Eis gefülltes Highball-Glas füllen, mit Ginger Ale aufgießen und mit einem unbehandelten Zitronenschnitz und nach Belieben mit etwas gewaschener Minze garniert servieren.

Blood and Sand

2 cl Whisky
2 cl Vermouth rosso
2 cl Cherry Brandy
frisch gepresster Orangensaft

Zutaten bis auf den Orangensaft mit einigen Eiswürfeln in den Shaker geben und gut schütteln. In ein Glas abseihen, mit Orangensaft auffüllen und servieren.

Brighton Punch

6 cl Bourbon
6 cl Brandy
3 cl Bénédictine
6 cl frisch gepresster Zitronensaft
17,5 cl Orangensaft
1 Barlöffel Puderzucker

Zutaten zusammen mit Eiswürfeln in einen Shaker geben, kräftig schütteln und in ein mit Eiswürfeln gefülltes Longdrinkglas abseihen. Mit einer unbehandelten Orangenscheibe garnieren.

Tipp: Für eine Variante kann man statt Orangensaft auch Ananassaft verwenden.

Ohio classic

4 cl kanadischer Whisky
2 cl Vermouth rosso
1 Spritzer Angosturabitter
10 cl Sekt

Whisky, Vermouth und Angosturabitter in ein Mixglas mit Eis geben und verrühren. In ein vorgekühltes Glas abseihen und mit Sekt auffüllen. Eine Cocktailkirsche zugeben und servieren.

Info: Umgerechnet entspricht ein Spritzer etwa 1 Milliliter oder 0,1 Zentiliter.

Horse's Neck

6 cl Whisky
3 Spritzer Angosturabitter, 12 cl Ginger Ale

Einige Eiswürfel und eine unbehandelte Zitronenscheibe in ein großes Longdrinkglas geben. Whisky und Angosturabitter zugeben und mit Ginger Ale auffüllen. Mit einem Strohhalm servieren.

Kentucky Derby

(Abbildung links)

1 cl Grenadinesirup
4 cl Zitronensaft oder Lime Juice
4 cl Bourbon
2 cl Pfirsichlikör
20 cl Ginger Ale

Zutaten bis auf Ginger Ale mit Eiswürfeln in einen Shaker füllen und schütteln oder rühren. In ein mit Eis gefülltes Hurricane-Glas abseihen, mit Ginger Ale aufgießen und leicht umrühren. Mit einer unbehandelten Zitronenspirale oder Zitronenscheibe dekorieren.

Highland Milk Cocktail

(Abbildung gegenüber oben)

6 cl Scotch (Glenmorangie)
3 cl Bénédictine
6 cl Milch
7–8 cl Zuckersirup (2:1)

Zutaten in einem Shaker schütteln, in ein mit Eis gefülltes Glas abseihen und mit geriebenem Muskat garniert servieren.

Whisky Cranberry

(Abbildung gegenüber unten)

2 cl Irish Whisky
15 cl Cranberrysaft

Whisky mit Eiswürfeln in ein Glas geben und mit Cranberrysaft auffüllen.

100 Miles per Hour

1,5 cl Bourbon
1,5 cl kubanischer Rum
1,5 cl Pfirsichlikör
1,5 cl kanadischer Whisky
1,5 cl Grenadinesirup
6 cl Blue Curaçao
1 Spritzer Sprite

Zutaten (bis auf Sprite) mit Eiswürfeln im Shaker schütteln, in ein mit Eis gefülltes Glas abseihen, einen Spritzer Sprite zugeben und mit einem unbehandelten Zitronenschnitz garniert servieren.

Apple Teaser

1 cl Whisky
1 cl Calvados
1 cl Amaretto
1 Spritzer Grenadinesirup
3 cl Apfelsaft
Sodawasser

Zutaten bis auf das Sodawasser mit Eiswürfeln in einen Shaker geben und gut schütteln. In ein mit Eis gefülltes Highballglas abseihen, mit Sodawasser aufgießen und mit einer unbehandelten Apfelscheibe garniert servieren.

Southern Ginger

6 cl Bourbon
1,5 cl Ingwerbrandy
1,5 cl frisch gepresster Zitronensaft
Ginger Ale

Zutaten bis auf Ginger Ale mit Crushed Ice im Shaker schütteln und in ein gekühltes Longdrinkglas gießen. Mit Ginger Ale aufgießen, langsam umrühren und mit einer unbehandelten Zitronenspirale garnieren.

Washington Apple Cocktail
(Abbildung unten)

6 cl saurer Apfelschnaps
6 cl kanadischer Whisky (Crown Royal®)
6 cl roter Cranberrysaft

Highball-Glas mit Eis füllen, erst Apfelschnaps, dann Whisky und schließlich Cranberrysaft eingießen, umrühren und mit einer unbehandelten Apfelscheibe garnieren.

Whisky Cola
(Abbildung oben)

4 cl Whisky
15 cl Cola

Whisky mit ein paar Eiswürfeln in ein Glas geben, Glas mehrmals schwenken und mit Cola aufgießen. Mit einer halben unbehandelten Zitronen- oder Limettenscheibe dekoriert servieren.

Highball
(Abbildung rechts)

2 cl Whisky
1 cl Grand Marnier
1 cl Lime Juice
Ginger Ale

Zutaten bis auf Ginger Ale mit Eiswürfeln in ein Longdrinkglas geben und gründlich verrühren. Mit kaltem Ginger Ale auffüllen, mit einer unbehandelten Zitronenspalte dekorieren.

Whisky Fix

7,5 cl Blended Whisky
3,5 cl frisch gepresster Zitronensaft
1/2 TL feiner Barzucker

Zutaten mit Crushed Ice in einen Shaker geben und kräftig schütteln. In ein mit Eiswürfeln gefülltes Longdrinkglas abseihen und mit einer unbehandelten Zitronenscheibe und einem Strohhalm servieren.

Whisky Daisy

9 cl Whisky
3 cl frisch gepresster Zitronensaft
1 EL Grenadinesirup

1 TL Zuckersirup
Sodawasser

Zutaten bis auf das Sodawasser mit Crushed Ice in einen Shaker geben und kräftig schütteln. In ein gekühltes Longdrinkglas gießen, mit Sodawasser auffüllen, langsam umrühren und mit einer unbehandelten Orangenscheibe garniert servieren.

Whisky Sangaree

6 cl Scotch
3 cl Sodawasser
3 cl Zuckersirup
1 EL roter Portwein

In ein mit Eis gefülltes Glas Scotch, Sodawasser und Zuckersirup füllen, umrühren und Portwein zugießen. Mit Muskat bestreut servieren.

Dublin Iced Coffee

6 cl starker kalt gebrühter Kaffee
6 cl Stout (z. B. Guiness)
4,5 cl irischer Whisky
2 cl Zuckersirup
1,5 cl fette Schlagsahne

Kaffee, Stout, Whisky und Zuckersirup in einem Highball-Glas verrühren. Eis zugeben, Sahne vorsichtig einfüllen, sodass sie langsam in den Kaffee absinkt. Mit frisch geriebenem Zimt garniert servieren.

Rainbow Julep

2 frische Minzzweige
1,5 cl Aprikosenbrandy
6 cl Bourbon

Einen gewaschenen Minzzweig mit dem Aprikosenbrandy in einem Mixglas zerdrücken (muddeln). Bourbon zugießen und in ein Highball-Glas mit Crushed Ice abseihen. Umrühren, bis das Glas beschlägt. Mit einem gewaschenen Minzzweig garniert servieren.

Tipp

Whiskyflaschen lagert man am besten stehend, da die Korken oft nicht so fest sitzen und die Flasche sonst anfängt zu lecken. Die Flaschen sollten nicht zu kühl und nicht zu warm lagern und keiner direkten Sonneneinstrahlung ausgesetzt sein. Ca. 15 °C sind perfekt. Empfehlenswert ist es, nicht zu viele Flaschen zu öffnen und diese innerhalb weniger Monate aufzubrauchen. Zwar hält Whisky sich auch geöffnet mehrere Jahre, doch die Trinkqualität kann sich dabei ändern.

Blue Blazer

1 1/2 Barlöffel extrafeiner Zucker
5 cl Scotch

Zwei Metallbecher mit hitzefesten Griffen sowie ein Snifter-Glas mit kochendem Wasser vorwärmen. Zucker ins Glas geben. Scotch in den einen Metallbecher gießen und 5 Zentiliter kochendes Wasser in den anderen. Scotch mit einem langen Streichholz anzünden. 3–5 Sekunden warten und brennende Flüssigkeit in den anderen Becher gießen, drei- bis viermal zwischen den Bechern hin- und hergießen, leeren Becher mit dem Boden auf den gefüllten stülpen, um die Flamme zu ersticken. Flüssigkeit ins Glas gießen, mit dem Zucker verrühren, eine unbehandelte Zitronenzeste über dem Glas ausdrücken und in den Cocktail geben.

Vorsicht: Verbrennungsgefahr! Am besten den Vorgang erst mit kaltem Wasser üben, dann mit kochendem Wasser, um zu prüfen, ob die Henkel der Becher gut isoliert sind.

Sweet Heat
(Abbildung rechts)

5 cl Whisky
2 cl Zitronensaft
1–2 unbehandelte Zitronenscheiben
2 TL Honig , 1 Zimtstange
5 Gewürznelken

Zutaten in ein hitzebeständiges Glas geben. Mit heißem Wasser auffüllen und umrühren.

Mit einer unbehandelten Zitronen- oder Limettenscheibe garniert servieren.

Hot Toddy

5 cl Bourbon
2,5 cl Zitronensaft, 1 cl Zuckersirup

Zutaten in einem Topf erhitzen, in eine Tasse geben und mit heißem Wasser auffüllen. Mit einer mit zwei Gewürznelken gespickten unbehandelten Zitronenscheibe dekoriert servieren.

Irish Coffee
(Abbildung links)

4 cl irischer Whisky
5 g Zucker
12 cl heißer Kaffee
Sahne

Ein Irish-Coffee-Glas oder Stielglas mit warmem Wasser vorwärmen. Wasser ausgießen und Whisky, Zucker und heißen Kaffee ins Glas geben. So lange vorsichtig umrühren, bis sich der Zucker vollständig aufgelöst hat. Leicht geschlagene Sahne wie eine Haube auf den Drink setzen und nach Belieben mit Kakao bestäubt servieren.

Hot Milk Punch
(Abbildung rechts)

12 cl Milch, 1 TL feiner Barzucker
4,5 cl Whisky

Milch und Zucker in einer Pfanne unter Umrühren erhitzen. Mit Whisky in eine vorgewärmte

Tasse füllen, mit einer Zimtstange umrühren und mit frisch geriebenem Muskat bestreut servieren.

Scottish Coffee

1,5 cl Zitruslikör
1,5 cl Scotch
heißer Kaffee
Schlagsahne

Zitruslikör und Scotch in ein Glühweinglas füllen. Mit heißem Kaffee aufgießen und verrühren. Mit geschlagener Sahne und einer unbehandelten Orangenscheibe garniert servieren.

Tom and Jerry mit Whisky

(Abbildung rechts)

Für 4 Gläser:

2 Eier
1 EL und 16 cl Bourbon
4 EL Zucker, 40 cl Milch

Eier trennen. Eigelbe mit 1 Esslöffel Bourbon und 2 Esslöffeln Zucker zu einer cremigen Konsistenz verschlagen. Eiweiße mit dem restlichen Zucker steif schlagen und darunterheben. Je 4 Zentiliter Bourbon auf vier Gläser verteilen, zu zwei Dritteln mit heißer Milch aufgießen, Eimischung daraufgeben und nach Belieben mit frisch geriebenem Muskat oder Zimt bestreut servieren.

Info: Dieses warme Mixgetränk, das wahlweise mit Whisky, Brandy oder Rum zubereitet wird, ist ein klassischer Weihnachtscocktail, der im frühen 19. Jahrhundert entwickelt wurde. Wer will, kann noch etwas Vanilleextrakt mit dem Eiweiß verrühren.

REZEPTE MIT WHISKY

Nicht nur Cocktails lassen sich durch Whisky bereichern, sein aromatischer Geschmack verfeinert auch Suppen und Vorspeisen, Hauptgerichte, Kuchen, Gebäck und Desserts. Seine Einsatzmöglichkeiten reichen von Klassikern wie Cock-a-Leekie Soup, Dundee Cake und Cranachan bis hin zu Neuinterpretationen bekannter Gerichte wie Whisky-Käse-Fondue, Whisky-Chili oder Whisky-Tiramisu. Lassen Sie sich von der Vielfalt der facettenreichen Spirituose überraschen!

„Auld Reekie" Cock-a-Leekie Soup

Für 4 Portionen

Zutaten

15 cl Scotch
1 TL brauner Zucker
1 gestr. TL getrockneter Estragon
3 Scheiben Schinkenspeck
500 g Rinderhaxe
1,5 kg Suppenhuhn (küchenfertig)
1 große Zwiebel
1 kg Lauch
Salz
frisch gemahlener Pfeffer
8 Backpflaumen

Zubereitung

1. Scotch, Zucker und Estragon in einem Topf mit 2 Litern Wasser verrühren. Schinkenspeck würfeln, mit Rinderhaxe und Suppenhuhn in einen großen Topf geben, Scotch-Marinade darübergeben und über Nacht marinieren.

2. Zwiebel schälen und würfeln. Lauch waschen, eine Lauchstange beiseitelegen, restlichen Lauch in Ringe schneiden. Zu den restlichen Zutaten in den Topf geben. Mit Salz und Pfeffer würzen.

3. Suppe ca. 2 Stunden bei schwacher Hitze köcheln lassen, dabei ab und zu Schaum abschöpfen.

4. Suppenhuhn und Rinderhaxe aus der Suppe nehmen, Knochen und Haut entfernen, Fleisch in kleine Stücke schneiden. Beiseitegelegte Lauchstange in Ringe schneiden und mit geschnittenem Fleisch und Backpflaumen in den Topf geben. Nochmals ca. 10–15 Minuten köcheln lassen und mit in Scheiben geschnittenem Weißbrot servieren.

Whisky-Kürbis-Suppe mit Orangensaft und Koskosmilch

Für 4 Portionen

Zutaten

1,2 kg Kürbis (z. B. Hokkaidokürbis)
500 ml Gemüsebrühe
500 ml Kokosmilch
300 ml Orangensaft
4 cl Bourbon
Salz
frisch gemahlener Pfeffer
nach Belieben etwas Zucker
nach Belieben etwas Schlagsahne und frische Kräuter (z. B. Petersilie)

Zubereitung

1. Kürbis halbieren und entkernen, Fruchtfleisch herausschneiden und grob würfeln. Zusammen mit Gemüsebrühe, Kokosmilch und Orangensaft in einem großen Topf erhitzen. Ca. 30 Minuten köcheln lassen, bis das Kürbisfleisch weich wird und zerfällt.

2. Im Standmixer oder mit dem Stabmixer pürieren, bis die Suppe sämig ist. Bourbon zugeben und Suppe mit Salz, Pfeffer und eventuell etwas Zucker abschmecken. Nach Geschmack mit geschlagener Sahne und frischen Kräutern garniert servieren.

Tomatensuppe mit Whisky-Garnelen

Für 4 Portionen

Zutaten

250 g Eismeergarnelen (küchenfertig)
4 cl Scotch oder Bourbon
1 unbehandelte Zitrone
400 g passierte Tomaten
4 EL Tomatenmark
100 ml kräftige Gemüsebrühe
150 g Pfeffer-Frischkäse
200 ml Orangensaft
Paprikapulver
1 Prise Zucker
Salz
frisch gemahlener Pfeffer
100–150 g Schlagsahne
Tabasco
frische Kräuter (z. B. Petersilie, Kerbel)

Zubereitung

1. Garnelen in einer Schüssel mit Whisky übergießen und ziehen lassen. Zitrone in Scheiben schneiden.

2. Passierte Tomaten und Tomatenmark in einem Topf mit Brühe verrühren. Pfeffer-Frischkäse in einer Schüssel nach und nach mit Orangensaft glatt rühren und mit den Gewürzen abschmecken. Frischkäsemischung mit Tomaten vermengen.

3. Suppe langsam aufkochen lassen, Garnelen mit Whisky zugeben, kurz mitkochen und Herd ausstellen. Sahne steif schlagen und unterheben. Suppe mit Tabasco abschmecken. Mit frischen Kräutern, Zitronenscheiben und geröstetem Toast oder Baguette servieren.

Jakobsmuscheln in Estragon-Whisky-Soße

Für 4 Portionen

Zutaten

12 große Jakobs-muscheln
Salz
frisch gemahlener Pfeffer
2 EL Butter
1 Knoblauchzehe (geschält und fein gehackt)
1 Stängel frischer Estragon
12 cl Whisky
60 g Schlagsahne

Zubereitung

1. Jakobsmuscheln waschen und trocken tupfen. Mit Salz und Pfeffer würzen. In einer großen Pfanne Butter bei mittlerer Hitze erhitzen, Knoblauch kurz darin anbraten. Jakobsmuscheln zugeben, ca. 2 Minuten beidseitig anbraten, bis sich eine Kruste bildet.

2. Estragon waschen und trocken schütteln. In einer weiteren Pfanne Whisky und Schlagsahne verrühren und kurz kochen. Jakobsmuscheln auf Tellern anrichten, Whisky-Soße darübergeben und mit Estragon bestreut servieren.

Krabben in Avocados mit Kräuter-Whisky-Soße

Für 4 Portionen

Zutaten

2 Avocados
2 EL frisch gepresster Zitronensaft
300 g Krabben in Lake
2 EL frische Kräuter
3 EL Crème fraîche oder Joghurt
3 EL Mayonnaise
2 EL Whisky

Zubereitung

1. Avodacos waschen, halbieren und entkernen. Fruchtfleisch herausschneiden, dabei einen dickeren Rand lassen. Mit 1 Esslöffel Zitronensaft bepinseln und kalt stellen.

2. Avocadofruchtfleisch fein würfeln. Krabben in ein Sieb gießen, kalt abspülen und abtropfen lassen. Kräuter waschen und fein hacken.

3. Für die Soße Crème fraîche oder Joghurt, Mayonnaise, Whisky, restlichen Zitronensaft und Kräuter in einer Schüssel miteinander verrühren. Soße mit Krabben und Fruchtfleischwürfeln vermengen, in die Avocadohälften füllen und bis zum Essen kalt stellen. Dazu Stangenweißbrot reichen.

Garnelen-Whisky-Curry

Für 4 Portionen

Zutaten

2 Bananen
2 Zwiebeln
2 Knoblauchzehen
6 EL Kräuterbutter
2 EL Mehl
2 EL Currypulver
500 ml Fischfond
250 g Sahne
2 EL Whisky
2 TL Zitronensaft
Salz
frisch gemahlener Pfeffer
400 g Garnelen (küchenfertig)

Zubereitung

1. Bananen schälen und zerdrücken. Zwiebeln schälen und fein hacken. Knoblauch schälen und pressen. Kräuterbutter in einer Pfanne zergehen lassen, Zwiebeln und Knoblauch darin kurz andünsten, mit Mehl bestäuben und anschwitzen.

2. Currypulver und Fischfond zugeben und unter ständigem Umrühren aufkochen lassen. Sahne zugießen, Temperatur herunterschalten und Bananen unterrühren. Mit Whisky, Zitronensaft, Salz und Pfeffer abschmecken.

3. Garnelen unterheben und kurz garen. Curry zu gekochtem Reis servieren.

Farfalle mit Lachs, Lauch und Whisky

Für 4–6 Portionen

Zutaten

2 Stangen Lauch
etwas Öl
1/2–1 TL Zucker
2 Schalotten
300 ml Hühnerfond
400 g Schlagsahne
800 g Farfalle
Salz
300 g Wildlachs (geräuchert)
80 cl Whisky
frisch gemahlener Pfeffer
einige frische Kräuter zum Garnieren

Zubereitung

1. Lauch waschen und in feine Ringe schneiden. In einer Pfanne mit etwas Öl glasig andünsten. Zucker zugeben und ca. 2 Minuten bei mittlerer Temperatur karamellisieren lassen. Alles beiseitestellen.

2. Schalotten waschen und fein würfeln. In einer Pfanne mit etwas Öl glasig andünsten. Fond zugeben und auf die Hälfte der Flüssigkeit einkochen lassen. Sahne zugießen und köcheln lassen, bis die Soße eine leicht sämige Konsistenz hat. Farfalle in reichlich Salzwasser al dente kochen.

3. Lachs in mundgerechte Stücke schneiden, mit Whisky und Lauch zur Soße geben und glasig garen.

4. Mit Salz und Pfeffer abschmecken und auf den Farfalle anrichten. Mit Kräutern garniert servieren.

Whisky-Chili

Für 6 Portionen

Zutaten

2 EL Olivenöl
1 Tasse gewürfelte rote Zwiebeln
680 g Rinderhack
3 Knoblauchzehen (geschält und fein gehackt)
1–3 EL Cayennepfeffer
2 EL gemahlener Kreuzkümmel
2 Dosen stückige Tomaten (400 g)
1 Dose rote Kidneybohnen (400 g) (abgetropft)
1 Dose weiße Kidneybohnen (400 g) (abgetropft)
23,5 cl Tennessee Whisky
1 EL brauner Zucker
einige Stängel frische Kräuter

Zubereitung

1. Öl in einer großen Pfanne erhitzen, Zwiebeln zugeben und glasig braten. Hackfleisch und Knoblauch zugeben und braten, bis das Fleisch braun ist.

2. Mit Cayennepfeffer und Kreuzkümmel würzen. Tomaten zugeben und kurz mitbraten, Bohnen zugeben und ebenfalls kurz braten. Whisky zugießen und mit Zucker einrühren.

3. Bedeckt ca. 1 1/2 Stunden bei niedriger Hitze köcheln lassen. Nach Belieben mit Kräutern garnieren und mit einigen Scheiben Weißbrot servieren.

Whisky-Käse-Fondue

Für 4–6 Portionen

Zutaten

1 Tasse gehackte Zwiebeln
1 EL Butter
240 ml Milch
450 g geriebener reifer Cheddar
1 EL Speisestärke
6 cl Whisky
Brotwürfel zum Dippen (z. B. Baguette oder Roggenbrot)

Zubereitung

1. Zwiebeln in einer Pfanne in der Butter kurz glasig anbraten. Milch zugeben und köcheln lassen. Käse einrühren, bis er geschmolzen ist.

2. In einer Schüssel Stärke und Whisky glatt rühren. Unter ständigem Rühren Whisky-Mischung in den Käse gießen und weiterkochen, bis das Ganze eindickt.

3. Whisky-Käse-Fondue in einen Fonduetopf füllen, auf ein Rechaud stellen und mit Brotwürfeln servieren.

Whisky-Wildgulasch

Für 4 Portionen

Zutaten

3 Pimentkörner
3 Wacholderbeeren
750 g auslöstes Wildfleisch (z. B. Wildschweinkeule)
1 Stängel Rosmarin
1 Nelke
1 Zweig Thymian
10 cl Scotch, 5 cl Gin
5 cl trockener Portwein
trockener Rotwein
1 kleine Zwiebel
1 kleine Möhre
1/2 Knollensellerie
125 g Pilze (z. B. Pfifferlinge)
1 EL Pflanzenöl
2 TL Butter
2 TL Tomatenmark
500 ml Wildfond oder Brühe
etwas frisch geriebener Muskat
Salz, frisch gemahlener Pfeffer

Zubereitung

1. Piment und Wacholder grob in einem Mörser zerdrücken. Wildfleisch waschen, trocken tupfen und in mundgerechte Würfel schneiden. Piment, Wacholder, Rosmarin, Nelke und Thymian sowie Wildfleisch in einen Topf geben. Hälfte des Whiskys, Gin und Portwein zum Wildfleisch und den Gewürzen gießen. So viel Rotwein zugießen, dass alles gut bedeckt ist. Abgedeckt an einem kühlen Ort ca. 8 Stunden ziehen lassen.

2. Marinade durch ein Sieb in eine Schüssel abseihen und beiseitestellen. Zwiebel und Möhre schälen, Sellerie waschen. Gemüse klein würfeln. Pilze putzen und in Hälften bzw. Viertel schneiden.

3. Öl in einem Schmortopf erhitzen, Wildfleisch portionsweise darin anbraten und beiseitestellen. Gemüse in Butter anbraten, Tomatenmark zugeben und einrühren. Wildfleisch mit restlichem Whisky zugeben, Marinade zugießen und um zwei Drittel der Flüssigkeit einkochen lassen. Mit Wildfond oder Brühe aufgießen und ca. 1 Stunde schmoren lassen. Soße mit Muskat, Salz und Pfeffer abschmecken. Dazu schmecken Kartoffelklöße, Spätzle, Rotkohl oder Rosenkohl.

Steak mit Whisky-Soße

Für 2 Portionen

Zutaten

2 Hüftsteaks (à 200 g)
15 cl Whisky
Salz
1 TL frisch gemahlener Pfeffer
160 g Butter
2 Knoblauchzehen
2 Zwiebeln
1 EL Honig
200 g Sahne
1 EL Oregano
1 TL Paprikapulver
1 Prise Cayennepfeffer

Zubereitung

1. Steaks waschen, trocken tupfen und in einen tiefen Teller legen, Whisky darübergießen und ca. 3 Stunden ziehen lassen. Aus der Marinade nehmen und mit Salz und Pfeffer würzen. Marinade beiseitestellen. 80 Gramm Butter in einer Pfanne zergehen lassen und Steaks darin nach Geschmack anbraten.

2. Knoblauch und Zwiebeln schälen, Knoblauch fein würfeln, Zwiebeln klein schneiden. Beides in einer weiteren Pfanne in der restlichen Butter glasieren. Honig zugeben und kurz karamellisieren lassen.

3. Herd herunterschalten. Marinade zur Zwiebel-Knoblauch-Mischung in die Pfanne geben, kurz einkochen lassen, Sahne zugeben und kurz mitkochen. Mit Oregano, Paprikapulver und Cayennepfeffer abschmecken. Steaks mit der Soße auf Tellern anrichten und mit Baguette servieren.

Whisky-Honig-Hähnchenbrust

Für 4 Portionen

Zutaten

100 g Schlagsahne
50 g Salatmayonnaise (z. B. von Knorr)
100 g Fruchtpüree Apfel-Aprikose
Zitronensaft
Salz
frisch gemahlener Pfeffer
1 Prise Zimt
3 EL Honig
2 EL Whisky
1 Msp. frisch geriebener Muskat
Cayennepfeffer
4 Hähnchenbrustfilets
1–2 EL Pflanzenöl

Zubereitung

1. Sahne steif schlagen. Salatmayonnaise mit dem Fruchtpüree verrühren. Sahne unterheben und mit Zitronensaft, Salz, Pfeffer und Zimt abschmecken.

2. Für die Glasur Honig mit Whisky, Muskat und Cayennepfeffer verrühren.

3. Hähnchenbrustfilets mit Pflanzenöl bestreichen, salzen, pfeffern und auf dem heißen Grill rundherum anbraten. Fleisch an den Rand des Grillrosts schieben und in ca. 10 Minuten fertig grillen.

4. Kurz vor Ende der Garzeit Fleisch mehrmals mit der Glasur besteichen, dabei häufig wenden.

Putenbrust mit Champignon-Whisky-Soße

Für 4 Portionen

Zutaten

2 Stangen Lauch
2 Möhren
8 Schalotten
4 Knoblauchzehen
500 g Champignons
2 rote Peperoni
etwas Petersilie
1 Putenbrust (à 1 kg)
1/2 TL Salz und etwas Salz zum Einreiben
1 EL Honig
1 EL Senf
1 EL Pflanzenöl
200 ml Brühe
frisch gemahlener Pfeffer
Thymian
Majoran
2 EL Butter
4 EL Tomatenmark
5 cl Whisky
300 ml Bratensaft
1/2 TL Currypulver
1 TL mildes Paprikapulver
200 g Schmand oder Crème fraîche

Zubereitung

1. Backofen auf 180 ° C (Umluft 160 °C) vorheizen. Lauch waschen und in Scheiben schneiden. Möhren schälen und in Scheiben schneiden. Schalotten waschen und fein würfeln. Knoblauch schälen und fein würfeln. Champignons putzen und vierteln. Peperoni waschen, entkernen und in Scheiben schneiden. Petersilie waschen, trocken schütteln und Blättchen fein hacken.

2. Putenbrust waschen, trocken tupfen und mit Salz einreiben. Honig, Senf und Öl in einer Schüssel verrühren, Putenbrust damit einreiben und in eine Auflaufform geben. Im vorgeheizten Ofen ca. 30 Minuten braten. Form aus dem Ofen nehmen, Lauch und Möhren hineingeben und nochmals ca. 50–60 Minuten braten. Brühe mit Pfeffer, Thymian und Majoran abschmecken und Putenbrust damit ca. alle 15 Minuten begießen.

3. In einer Pfanne Butter zergehen lassen, Schalotten darin anbraten. Tomatenmark und Knoblauch zugeben und kurz andünsten, Peperoni und Champignons zugeben und mit Whisky und Bratensaft ablöschen. Mit Salz, Curry- und Paprikapulver abschmecken.

4. Putenbrust aus dem Ofen nehmen und warm stellen. Lauch und Möhren mit dem Stabmixer pürieren und mit Schmand oder Crème fraîche in die Soße rühren. Putenbraten aufschneiden und Soße mit Petersilie garniert servieren. Dazu passen Rösti oder Spätzle.

Spareribs mit Orangen-Whisky-Soße

Für 4 Portionen

Zutaten

2 kg Schweinerippchen
Salz
2 kleine unbehandelte Orangen
20 g Ingwer
4 Knoblauchzehen
10 cl Bourbon
320 ml Tomatenketchup
6 EL flüssiger Honig
1 1/2 EL Öl und etwas Öl zum Bestreichen
4 TL Paprikapulver
frisch gemahlener Pfeffer

Zubereitung

1. Rippchen waschen und trocken tupfen, in mundgerechte Portionen schneiden, in einem Topf mit Salzwasser bedecken, ca. 30 Minuten darin simmern und auskühlen lassen.

2. Orangenschale abreiben und Orangen auspressen. Ingwer und Knoblauch schälen und fein würfeln. In einer Schüssel mit Schalenabrieb und Orangensaft verrühren.

3. Bourbon in einen Topf gießen, Ketchup, Honig, Öl und Paprikapulver einrühren und aufkochen lassen. Orangen-Ingwer-Knoblauch-Mischung zugeben, mit einer Prise Salz und Pfeffer abschmecken.

4. Rippchen aus dem Sud nehmen, trocken tupfen, dünn mit Öl bepinseln und auf dem heißen Grill ca. 20–25 Minuten unter gelegentlichem Wenden fertig garen. Mit der Soße bestreichen. Dazu passt Kartoffelsalat oder Baguette mit Kräuterbutter.

Whisky Shortbread

Für 12 Stück

Zutaten

100 g Butter
50 g feiner Zucker
und etwas Zucker
zum Bestreuen
125 g Mehl
50 g Stärkemehl
2,5 cl Whisky

Zubereitung

1. Backofen auf 170 °C (Umluft 150 °C) vorheizen. Butter und Zucker in einer Schüssel mit dem Handrührer glatt rühren, restliche Zutaten, bis auf den Whisky, nach und nach zugeben und zu einem weichen Teig verrühren. Whisky zugeben und unterrühren.

2. Backform mit Backpapier auslegen. Teig gleichmäßig darauf verteilen und glatt streichen.

3. Im vorgeheizten Backofen ca. 35 Minuten backen. Shortbread mit etwas Zucker bestreuen und in Stücke schneiden. Vor dem Servieren ca. 15 Minuten abkühlen lassen.

Chocolate Bourbon Cake

Für 1 Kuchen

Zutaten

225 g weiche Butter und etwas Fett für die Form
240 g Mehl und etwas Mehl für die Form
140 g ungesüßte dunkle Schokolade
30 g Instant-Espressopulver
2 EL ungesüßtes Kakaopulver
24 cl Bourbon und etwas Whisky zum Besprenkeln
1/2 TL Salz
450 g Zucker
3 große Eier
1 EL Vanilleextrakt
1 TL Backpulver

Zubereitung

1. Backofen auf 160 °C (Umluft 140 °C) vorheizen. Eine große Gugelhupfform einfetten und mit Mehl bestäuben. Schokolade im Wasserbad oder in der Mikrowelle schmelzen und abkühlen lassen.

2. Espresso- und Kakaopulver in einer Schüssel mit 240 Millilitern kochendem Wasser aufgießen und umrühren, bis sich die Pulver aufgelöst haben. Bourbon und Salz einrühren und abkühlen lassen.

3. Butter in einer Schüssel mit dem Handrührer cremig rühren. Zucker zugeben und gut verrühren. Eier nacheinander einrühren. Vanilleextrakt, Backpulver und geschmolzene Schokolade ebenfalls einrühren.

4. Mit dem Handrührer auf niedrigster Stufe ein Drittel der Whisky-Espresso-Kakao-Mischung einrühren. Hat der Teig die Flüssigkeit aufgenommen, 120 Gramm Mehl einrühren. Abwechselnd restliche Whisky-Mischung und übriges Mehl einrühren. Teig in die vorbereitete Form füllen und glatt streichen. Ca. 1 Stunde und 10 Minuten im vorgeheizten Backofen backen (Stäbchenprobe machen).

5. Kuchen leicht abkühlen lassen, nach ca. 15 Minuten stürzen und den noch warmen Kuchen mit etwas Whisky besprenkeln. Kuchen komplett auskühlen lassen und servieren.

Pekannuss-Bourbon-Pie

Für 1 Kuchen

Zutaten

180 g Mehl und etwas Mehl für die Arbeitsfläche
1 TL Zucker
1/2 TL Salz
115 g und 5 TL Butter
4 große Eier
250 g Mais- oder Ahornsirup
225 g brauner Zucker
2 Tassen gehackte, geröstete Pekannüsse
1 TL Bourbon
1 TL Vanilleextrakt

Zubereitung

1. Mehl, Zucker und 1/4 Teelöffel Salz in eine Schüssel sieben und vermischen. 115 Gramm Butter in Flocken zugeben und zu einer krümeligen Mischung verkneten. 1 Ei verschlagen und unter die Teigmischung heben. Auf einer bemehlten Arbeitsfläche zu einer Kugel formen, in Frischhaltefolie zu einem Kreis plattdrücken. Ca. 1 Stunde im Kühlschrank ruhen lassen.

2. Teig kreisförmig (Durchmesser 23 Zentimeter) ausrollen. In eine Pieform geben und Teigrand am Rand der Form hochdrücken. Mit Frischhaltefolie abdecken und mindestens 30 Minuten ins Gefrierfach stellen.

3. Backofen auf 175 °C (Umluft 155 °C) vorheizen. Form aus dem Gefrierfach nehmen, mit Alufolie auslegen und mit getrockneten Linsen im vorgeheizten Ofen ca. 20 Minuten backen. Herausnehmen, Alufolie und Linsen entfernen und ca. 10 Minuten goldbraun backen.

4. 5 Teelöffel Butter, Sirup, braunen Zucker und 1/4 Teelöffel Salz in einem Topf bei mittlerer Hitze unter Rühren zum Kochen bringen. Kurz aufkochen, bis es eindickt. Vom Herd nehmen und Nüsse, Bourbon und Vanilleextrakt einrühren. Ca. 5 Minuten abkühlen lassen. Restliche Eier verschlagen, zugeben und mit der Masse verrühren. Teigboden auf ein Blech setzen, Masse gleichmäßig darauf verteilen und glatt streichen. Pie bei 175 °C (Umluft 155 °C) im Ofen backen, bis die Ränder fest sind und die Füllung nicht mehr flüssig ist.

Dundee Cake (schottischer Früchtekuchen)

Für 1 Kuchen (ca. 20 Stücke)

Zutaten

450 g Rosinen
170 ml und 3 EL Scotch
100 g Orangeat
100 g Zitronat
100 g Belegkirschen
200 g Mandeln (gemahlen)
200 g weiche Butter
180 g brauner Zucker
1 Pck. Vanillezucker
etwas abgeriebene Schale von 1 unbehandelten Zitrone und von 1 unbehandelten Orange
1/2 TL Salz
je 1 Msp. gemahlener Zimt, Koriander, Kardamom, Muskatblüte und Pfefferkuchengewürz
5 Eier, 1 gehäufter TL Backpulver
150 g Mehl
150 g Mandelkerne (enthäutet)
1 Glas Orangenmarmelade (à 340 g)

Zubereitung

1. Rosinen und 120 Milliliter Scotch in einen Topf geben und zugedeckt erhitzen. Vom Herd nehmen und im zugedeckten Topf über Nacht ziehen lassen.

2. Backofen auf 155 °C (Umluft 135 °C) vorheizen. Orangeat, Zitronat und Belegkirschen fein hacken und mit der Hälfte der Mandeln mischen. Butter, Zucker, Vanillezucker, Zitronen- und Orangenschale, Salz und Gewürze in einer Schüssel ca. 10 Minuten mit dem Handrührer cremig rühren. Eier zugeben und unterrühren. Backpulver, Mehl und restliche gemahlene Mandeln ebenfalls unter den Teig rühren. Scotch-Rosinen und kandierte Früchte unterheben.

3. Teig in eine gefettete, bemehlte Springform (26 Zentimeter Durchmesser) geben und glatt streichen. Im vorgeheizten Ofen ca. 25–30 Minuten backen. Kuchen herausnehmen und mit Mandelkernen belegen. Nochmals ca. 1 Stunde backen.

4. 120 Gramm Marmelade und 50 Milliliter Whisky unter Rühren in einem Topf erhitzen. Heißen Kuchen mehrmals mit einem Zahnstocher einstechen und mit der Whisky-Glasur bestreichen. In der Form auf einem Kuchengitter erkalten lassen.

5. Restliche Marmelade mit 3 Esslöffeln Whisky erwärmen, durch ein Sieb streichen und Kuchen damit glasieren. Glasur trocknen lassen.

Cranachan (schottisches Himbeer-Dessert)

Für 4 Portionen

Zutaten

5 EL Haferflocken
150 g Frischkäse
150 g Schlagsahne
2 EL Whisky
2 EL Honig
400 g Himbeeren

Zubereitung

1. Haferflocken in einer beschichteten Pfanne unter Rühren leicht anrösten und abkühlen lassen. Frischkäse und Schlagsahne mit dem Handrührer in einer Schüssel zu einer dicken Creme vermischen. Whisky und Honig einrühren und 4 Esslöffel der Haferflocken unterheben.

2. Himbeeren waschen und trocken tupfen. Himbeeren und Creme abwechselnd in vier Portionsgläser schichten. Mit Beeren beginnen und mit Creme enden. Mit restlichen Haferflocken bestreuen und sofort servieren.

Whisky-Tiramisu im Glas

Für 4 Portionen

Zutaten

1 gehäufter TL Instant-Espressopulver
4 EL Single Malt Whisky
3 Eier
5 EL Zucker
250 g Mascarpone
1 Prise Salz
1 Packung Madeleines Longues oder Löffelbiskuits
etwas Kakaopulver zum Bestäuben

Zubereitung

1. In einer Tasse Espressopulver mit 90 Millilitern heißem Wasser verrühren und abkühlen lassen. 3 Esslöffel Whisky zugeben.

2. Eier trennen, Eigelb und 3 Esslöffel Zucker in einer Schüssel mit dem Handrührer cremig rühren, Mascarpone und restlichen Whisky unterheben.

3. Eiweiß mit Salz in einer weiteren Schüssel steif schlagen, restlichen Zucker einrieseln lassen und mit dem Handrührer unterrühren, weiterrühren, bis der Eischnee vollständig fest ist. Eischnee unter die Whisky-Mascarpone-Creme heben.

4. Madeleines oder Löffelbiskuits auf einem Teller auslegen und mit der Whisky-Espresso-Mischung beträufeln. 1 Esslöffel Whisky-Mascarpone-Creme in vier Portionsgläser verteilen und jeweils mit einer dünnen Schicht Kakao bestreuen. Madeleines oder Löffelbiskuits darüberlegen und mit einer weiteren Schicht Whisky-Mascarpone-Creme bedecken. Abwechselnd Kakao und Creme einfüllen, bis die Portionsgläser vollständig gefüllt sind. Oberste Schicht Creme mit Kakao bestreuen und vor dem Servieren mindestens 2 Stunden kühl stellen.

Beschwipste Nektarinen

Für 4 Portionen

Zutaten

1 Vanilleschote
100 g Honig
7,5 cl Scotch
4 große Nektarinen
8 längliche Ingwer-Kekse

Zubereitung

1. Vanilleschote längs aufschlitzen. Mit Honig und 200 Milliliter Wasser in einer Pfanne vorsichtig zum Kochen bringen. Scotch einrühren und vom Herd nehmen.

2. Nektarinen waschen, abtrocknen, halbieren und entkernen. In eine hitzefeste Schüssel setzen und Whisky-Mischung darübergießen. Mindestens 4 Stunden ziehen lassen.

3. Nektarinen und Whisky-Mischung in vier Dessertschälchen verteilen und mit je zwei Ingwerkeksen servieren.

Brotpudding mit Bourbon-Soße

Für 8–10 Portionen

Zutaten

1 Stangenweißbrot
950 ml Milch
4 große Eier
675 g Zucker
200 g Rosinen
3 EL Butter, 115 g weiche Butter für die Soße und etwas Fett für die Form
2 EL Vanilleextrakt
2 EL Bourbon
etwas Puderzucker

Zubereitung

1. Stangenweißbrot in ca. 2,5 Zentimeter große Würfel schneiden. Zusammen mit der Milch in eine große Schüssel geben und ca. 5 Minuten ziehen lassen.

2. Backofen auf 160 °C (Umluft 140 °C) vorheizen. In einer weiteren Schüssel 3 Eier verschlagen. Mit 450 Gramm Zucker, Rosinen, 3 Esslöffeln Butter und Vanilleextrakt zur Brot-Milch-Mischung geben und gut verrühren.

3. Mischung in eine eingefettete Auflaufform geben. Im vorgeheizten Backofen ca. 1 Stunde backen, bis sie fest ist. Brotpudding portionieren und auf Desserttellern verteilen.

4. Für die Bourbon-Soße 115 Gramm weiche Butter in einer kleinen Pfanne zerlassen, restlichen Zucker zugeben und unter Rühren in der Butter auflösen. Übriges Ei in einer Schüssel verschlagen, zugeben und gut mit dem Schneebesen einrühren. Bei mittlerer Hitze ca. 1 Minute kochen. Vom Herd nehmen, leicht abkühlen lassen und Bourbon einrühren. Brotpudding mit Puderzucker bestäuben und Soße dazu servieren.

Whisky-Crème-brûlée

Für 4 Portionen

Zutaten

150 ml Milch
200 g Sahne
6 Eigelb
50 g Puderzucker
4 cl Single Malt Whisky
4 TL Zucker

Zubereitung

1. Milch, Sahne und Eigelb in einer Schüssel miteinander verschlagen. Puderzucker unterrühren, bis er sich vollständig gelöst hat. Whisky zugeben und das Ganze ca. 30 Minuten ziehen lassen.

2. Backofen auf 150 °C (Umluft nicht geeignet) vorheizen. Mischung in flache Förmchen geben und im Backofen in eine tiefe Fettpfanne setzen. Wasser zum Kochen bringen und Fettpfanne mit so viel kochendem Wasser auffüllen, dass die Förmchen bis knapp unter dem Rand im Wasser stehen.

3. Creme ca. 1 Stunde im vorgeheizten Ofen backen, herausnehmen und abkühlen lassen. Im Kühlschrank kalt stellen. Vor dem Servieren mit Zucker bestreuen und Zuckerschicht mit dem Küchenbrenner karamellisieren.

Whisky-Pannacotta

Für 4 Portionen

Zutaten

1 Vanilleschote
500 g Sahne
50 g Zucker
1 1/2 TL Agar-Agar
5 EL Single Malt Whisky

Zubereitung

1. Vanilleschote längs aufschlitzen und Mark herauskratzen. Mit Sahne, Zucker und Agar-Agar in einen Topf geben und aufkochen lassen. Bei mittlerer Hitze ca. 5 Minuten köcheln. Vanilleschote herausnehmen und Whisky zugießen.

2. Mischung in kalt ausgespülte Förmchen geben und mit Frischhaltefolie bedecken. Mindestens 6 Stunden kalt stellen und servieren.

Irish Flummery

Für 4 Portionen

Zutaten

80 g Hafermehl
80 g Mandelsplitter
180–200 g Schlagsahne
5 TL Honig
4 TL Whisky
1 TL Saft von 1 Zitrone

Zubereitung

1. Hafermehl und Mandelsplitter in einer Pfanne mischen und rösten, bis sie goldbraun werden. Vom Herd nehmen und erkalten lassen.

2. Sahne in einer Schüssel halbsteif schlagen. Honig in einer weiteren Schüssel mit dem Whisky vermischen und darin auflösen, Zitronensaft zugießen und unterrühren. Zusammen mit der Sahne unter die Hafermehl-Mandel-Mischung heben und servieren.

Whisky-Karamell-Pudding

Für 4 Portionen

Zutaten

500 ml Milch
1 Päckchen Vanille-puddingpulver
6 EL Whisky
125 g Zucker
150 g Sahne
1 Päckchen Vanillinzucker
nach Belieben Karamellsirup und Schokoraspel

Zubereitung

1. Hälfte der Milch, Puddingpulver, Whisky und 2 Esslöffel Zucker in einer Schüssel glatt rühren.

2. Übrigen Zucker mit 4 Esslöffeln Wasser in einen Topf geben und bei mittlerer Hitze karamellisieren lassen (nicht umrühren). Übrige Milch zugeben, aufkochen lassen und Puddingpulver-Mischung einrühren. Unter Rühren kurz aufkochen, in Schälchen oder Gläsern portionieren und auskühlen lassen.

3. Sahne mit Vanillinzucker steif schlagen. Kurz vor dem Servieren Sahnehäubchen auf den Pudding setzen und nach Belieben mit Karamellsirup und Schokoraspeln dekoriert servieren.

Caledonian Cream (schottische Orangen-Whisky-Creme)

Für 4 Portionen

Zutaten

4 Orangen
Saft von 1 Zitrone
2 gehäufte EL Orangenkonfitüre
250 g Crème double
250 g Frischkäse
2 EL Zucker
4 EL Whisky

Zubereitung

1. Orangen schälen, weiße Haut und Trennhäute entfernen. Zitronensaft und Konfitüre in einer Schüssel verrühren.

2. Crème double, Frischkäse, Zucker und Whisky zugeben und zu einer glatten Creme verrühren.

3. Creme und Orangenschnitze abwechselnd in Dessertschalen füllen und bis zum Servieren kalt stellen.

Whisky-Eis

Für 6 Portionen

Zutaten

3 Eigelb
100 g Zucker
250 g Sahne
250 ml Milch
6 EL schottischer Malt Whisky

Zubereitung

1. Eigelb und Zucker in eine hitzebeständige Rührschüssel geben und über einem heißen Wasserbad mit dem Handrührgerät schaumig schlagen.

2. Sahne und Milch in einem Topf erhitzen. Zur Eigelb-Zucker-Mischung geben und weiterrühren, bis eine dickschaumige Masse entsteht. Whisky zugießen und im Eiswürfelbad weiterschlagen.

3. Masse in der Eismaschine zu Eis verarbeiten oder in einer flachen Schüssel im Gefrierfach kühlen und ca. alle 30 Minuten gut mit dem Schneebesen durchmischen, bis sie fest ist. Mit dem Eisportionierer Kugeln ausstechen und auf Schälchen verteilen. Dazu passt Schlagsahne, Schokosoße oder rote Grütze.

Whisky-Fudge

Für ca. 40–50 Stück

Zutaten

150 g Zartbitterschokolade
einige Tropfen neutrales Pflanzenöl
100 g Butter
50 ml heller Sirup (z. B. Ahornsirup)
400 ml gesüßte Kondensmilch
250 g Zucker
1/4 TL Salz
5 cl Bourbon

Zubereitung

1. Schokolade fein hacken. Eine eckige Auflaufform (ca. 20 x 20 Zentimeter) mit Backpapier auslegen und mit Öl einstreichen.

2. Butter in einem großen Topf zergehen lassen, Sirup, Kondensmilch, Zucker und Salz zugeben und bei mittlerer Hitze mit einem Gummispatel zu einer homogenen Masse vermischen.

3. Beginnt die Mischung zu köcheln, Topfboden und -rand immer wieder mit dem Spatel abschaben und bei mittlerer bis starker Hitze ca. 8–10 Minuten unter Rühren zu einem dicken Karamell einkochen lassen.

4. Vom Herd nehmen und Schokolade sowie Bourbon einrühren. Glatt gerührte Karamellmasse in die Auflaufform geben, glatt streichen und erkalten lassen. Abgedeckt ca. 1–2 Stunden in den Kühlschrank stellen, bis die Masse fest ist.

5. Fudge aus der Form lösen, Backpapier entfernen und mit einem Messer in Würfel schneiden. In Schichten mit dazwischenliegendem Backpapier in ein luftdichtes Gefäß füllen und bis zum Verzehr im Kühlschrank aufbewahren.

Whisky-Pralinen

Für ca. 20 Stück

Zutaten

300 g Blockschokolade
250 g Schlagsahne
3 EL geriebene Haselnüsse
4 EL Whisky
etwas Kakaopulver zum Wälzen

Zubereitung

1. Schokolade klein hacken. Sahne in einem Topf zum Kochen bringen und Schokolade darin unter Rühren schmelzen lassen. Abkühlen lassen und Haselnüsse sowie Whisky unterrühren.

2. Pralinenmasse über Nacht abkühlen lassen. Am nächsten Tag zu Kugeln formen und in Kakaopulver wälzen.

REGISTER

8712 Stäfa, Schweiz
www.otus.ch
ISBN: 978-3-03793-562-0

Komplettproducing: twinbooks, München
(Melanie Goldmann)
Text/Redaktion: Sarah Herhut, Melanie Goldmann

BILDNACHWEIS

Abbildungsverzeichnis: S. 1 (v. l. n. r.): donfiore/Shutterstock.com; Kiko Jimenez/Shutterstock.com; kuvona/Shutterstock.com; ZRyzner/Shutterstock.com; 2: Posonskyi Andrey/Shutterstock.com; 5: Poznyakov/Shutterstock.com; 6: Alin Lyre/Shutterstock.com; 7: El Nariz/Shutterstock.com; 8: Kondor83/Shutterstock.com; 9: Nejron Photo/Shutterstock.com; 10: Nataliya Hora/Shutterstock.com; 11 o. l.: StockCube/Shutterstock.com; 11 o. r.: Charlie Edward/Shutterstock.com; 11 u. l.: Kondor83; 11 u. r.: Semmick Photo/Shutterstock.com; 12: Lucian Milasan/Shutterstock.com; 13: Shaiith/Shutterstock.com; 14: Misa Maric/Shutterstock.com; 15: Oleg Golovnev/Shutterstock.com; 16: Alexey Stiop/Shutterstock.com; 17: Alexey Stiop/Shutterstock.com; 18: Rob van Esch/Shutterstock.com; 19: fotoknips/Shutterstock.com; 21: Martin M303/Shutterstock.com; 23: PerseoMedusa/Shutterstock.com; 24: gashgeron/Shutterstock.com; 25: Kiko Jimenez/Shutterstock.com; 27 o. l.: Kelly vanDellen/Shutterstock.com; 27 o. r.: piotrwzk/Shutterstock.com; 27 u. l.: wawri/Shutterstock.com; 27 u. r.: Kiko Jimenez/Shutterstock.com; 28: foto.fritz/Shutterstock.com; 29: Kirill Z/Shutterstock.com; 31: dean bertoncelj/Shutterstock.com; 32: Kondor83/Shutterstock.com; 34: PerseoMedusa/Shutterstock.com; 35: inxti/Shutterstock.com; 36: drserg/Shutterstock.com; 37: Cebas/Shutterstock.com; 38: James R. Martin/Shutterstock.com; 39: Jeffrey B. Banke/Shutterstock.com; 40: James R. Martin/Shutterstock.com; 41: Pepgooner/Shutterstock.com; 42: 360b/Shutterstock.com; 43: Nagel Photography/Shutterstock.com; 44: Lissandra Melo/Shutterstock.com; 45: James R. Martin/Shutterstock.com; 47 o. l.: Mikhail Starodubov/Shutterstock.com; 47 o. r.: SergeBertasiusPhotography/Shutterstock.com; 47 u. l.: Annmarie Young/Shutterstock.com; 47 u. r.: Creaktiva/Shutterstock.com; 48: ArtFamily/Shutterstock.com; 49: Patryk Kosmider/Shutterstock.com; 50: Dima Sobko/Shutterstock.com; 51: mandritoiu/Shutterstock.com; 52: Marian Weyo/Shutterstock.com; 53: Kondor83/Shutterstock.com; 55 (v. l. n. r.): JASPERIMAGE/Shutterstock.com; DrimaFilm/Shutterstock.com; Klaus Rainer Krieger/Shutterstock.com; James Greenshields/Shutterstock.com; 56: Alin Popescu/Shutterstock.com; 57: Anneka/Shutterstock.com; 58: Scootphoto/Shutterstock.com; 59: Nataliya Hora/Shutterstock.com; 60: Jeff Baumgart/Shutterstock.com; 61: Everett Historical/Shutterstock.com; 62: Randall Vermillion/Shutterstock.com; 65: YMZK-Photo/Shutterstock.com; 66: Jaime Pharr/Shutterstock.com; 67: Scruggelgreen/Shutterstock.com; 68: Serg Zastavkin/Shutterstock.com; 69: islavicek/Shutterstock.com; 70: Irina Mos/Shutterstock.com; 73: Wikimedia; 74: Stokkete/Shutterstock.com; 75: ZRyzner/Shutterstock.com; 76: Ivica Drusany/Shutterstock.com; 77: kay roxby/Shutterstock.com; 79 o. l.: Wikimedia/Library of Congress ; 79 o. r.: Atomazul/Shutterstock.com; 79 u. l.: Wikimedia/U.S. National Archives and Records Administration; 79 u. r.: LuckyN; 81 o. l.: Aitor Bouzo Ateca/Shutterstock.com; 81 o. r.: Kiko Jimenez/Shutterstock.com; 81 u. l.: Boyan Dimitrov/Shutterstock.com; 81 u. r.: Gail Johnson/Shutterstock.com; 82/83: Atomazul/Shutterstock.com; 84: donfiore/Shutterstock.com; 85: Andreas Argirakis/Shutterstock.com; 86 l.: Atiketta Sangasaeng/Shutterstock.com; 86 r.: gosphotodesign/Shutterstock.com; 87: muh23/Shutterstock.com; 88: sanneberg/Shutterstock.com; 89: sanneberg/Shutterstock.com; 91: Brent Hofacker/Shutterstock.com; 92: Mateusz Gzik/Shutterstock.com; 93 o.: Mateusz Gzik/Shutterstock.com; 93 u.: HandmadePictures/Shutterstock.com; 94: RomboStudio/Shutterstock.com; 95: margouillat photo/Shutterstock.com; 96: 3523studio/Shutterstock.com; 97: martiapunts/Shutterstock.com; 98: Kondor83/Shutterstock.com; 99: Brent Hofacker/Shutterstock.com; 100 l.: vsl/Shutterstock.com; 100 r.: Marian Weyo/Shutterstock.com; 101: Wollertz/Shutterstock.com; 102 o.: Siriwat Chamnanyoch/Shutterstock.com; 102 u.: Ivan Mateev/Shutterstock.com; 103: Shutterstock.com; 104 o.: Umpaporn/Shutterstock.com; 104 u.: photonewman/Shutterstock.com; 105: Letizia SpanÃ²/Shutterstock.com; 107: Greg Nesbit Photography/Shutterstock.com; 108: REDAV/Shutterstock.com; 109 o.: Kasia/Shutterstock.com; 109 u.: arturasker/Shutterstock.com; 110 o.: Regesha Iryna/Shutterstock.com; 110 u.: rodho/Shutterstock.com; 111: 3523studio/Shutterstock.com; 112: Sophie McAulay/Shutterstock.com; 113: Nikolay Litov/Shutterstock.com; 114 l.: Agnes Kantaruk/Shutterstock.com; 114 r.: vsl/Shutterstock.com; 115: ChristophTT/Shutterstock.com; 116: Kondor83; 118: Marcel Nijhuis/Shutterstock.com; 119: Magdalena Paluchowska/Shutterstock.com; 120: Ekaterina Kondratova/Shutterstock.com; 121: RBerger/Shutterstock.com; 122: Natalia Korshunova/Shutterstock.com; 123: Africa Studio/Shutterstock.com; 124: Evgeny Karandaev/Shutterstock.com; 125: AS Food studio/Shutterstock.com; 126: AnjelikaGr/Shutterstock.com; 127: Stepanek Photography/Shutterstock.com; 128: HandmadePictures/Shutterstock.com; 130: MARIA JESUS CANENA/Shutterstock.com; 132: Ekaterina Kondratova/Shutterstock.com; 135: Wiktory/Shutterstock.com; 136: Vedran Tolic/Shutterstock.com; 138: bonchan/Shutterstock.com; 141: And-One/Shutterstock.com; 143: kuvona/Shutterstock.com; 144: RubinowaDama/Shutterstock.com; 146: Dasha Petrenko/Shutterstock.com; 148: Inga Nielsen/Shutterstock.com; 149: Sea Wave/Shutterstock.com; 150: NADKI/Shutterstock.com; 152: Sergey Moskvitin/Shutterstock.com; 153: artem_ka/Shutterstock.com; 155: Brent Hofacker/Shutterstock.com; 156: tanjichica/Shutterstock.com; 157: Olena Kaminetska/Shutterstock.com; Umschlag vorne: Africa Studio/Shutterstock.com; Umschlag hinten groß: Alexey Stiop/Shutterstock.com; Umschlag hinten l. (v. o. n. u.): Dasha Petrenko/Shutterstock.com; Alin Lyre/Shutterstock.com; gashgeron/Shutterstock.com; Brent Hofacker/Shutterstock.com